Reggie von Zugbach

Nur Einzelkämpfer siegen

Reggie von Zugbach

Nur Einzelkämpfer siegen

Deutsch von Team Porcarum

ECON

Titel der englischen Originalausgabe: THE WINNING MANAGER. Original-
verlag: Souvenier Press, London. Übersetzt von: Team Porcarum. © 1995 by
R. G. L. von Zugbach.

Die Deutsche Bibliothek – CIP-Einheitsaufnahme

Zugbach, Reggie von:
Nur Einzelkämpfer siegen / Reggie von Zugbach. Dt. von Team Porcarum. –
Düsseldorf : ECON, 1996
ISBN 3-430-19979-4

© 1996 der deutschen Ausgabe by ECON Verlag GmbH, Düsseldorf.
Alle Rechte der Verbreitung, auch durch Film, Funk und Fernsehen, foto-
mechanische Wiedergabe, Tonträger jeder Art, auszugsweisen Nachdruck
oder Einspeicherung und Rückgewinnung in Datenverarbeitungsanlagen aller
Art, sind vorbehalten.
Lektorat: Wolfgang Drescher. Gesetzt aus der Century und Frutus. Satz:
Grafik-Design Gisela Fischer, Weimar. Papier: Papierfabrik Schleipen GmbH,
Bad Dürkheim. Druck und Bindearbeiten: F. Pustet, Regensburg. Printed in
Germany. ISBN 3-430-19979-4.

Inhalt

Für niemanden.

Jeder kämpft für sich allein.
Kapieren Sie das endlich!

Danksagung

Ist Ihnen schon aufgefallen, daß Organisationen und Menschen die in vielen Führungskräften vorhandene Kreativität ersticken und dafür Mittelmaß, Dummheit oder gar Inkompetenz fördern? Ich für meinen Teil habe diese Erfahrung häufig gemacht – im Finanzbereich, im Verlagswesen, in der Getränkeindustrie, in der Informationstechnologie, im Verwaltungs- und im Bildungsbereich. Ich danke allen, die – wenn auch ungewollt – zum Entstehen dieses Buches beitrugen. Ich hoffe, daß meine Beobachtungen dem Leser nutzen werden.

Ich danke auch meinen Verlegern für ihre motivierende Unterstützung, die kreativen Anregungen, ihre Geduld und sogar den sanften Druck, den sie in der Entstehungsphase dieses Buches auf mich ausübten, eine Phase, die durch den katastrophalen Verlust der Rohfassung (IT-Systemabsturz – meine Erklärung für technische Inkompetenz) stark beeinträchtigt war.

Sarah Dougan bin ich zu ganz besonderem Dank verpflichtet. Ohne sie wäre dieses Buch nie entstanden. Ohne ihre Hilfe hätte ich das Manuskript nach der Katastrophe nie wieder zusammenbekommen. Sie hat meine Fassung nicht nur redigiert, sondern auch wesentlich dazu beigetragen, sie zu Papier zu bringen.

R.v.Z.
Paisley, 1995

Vorbemerkung:
Ein Hoch dem Einzelkämpfer

Mit diesem Buch will ich Sie in einen Einzelkämpfer verwandeln, der aus dem Organisationsspiel als Sieger hervorgeht. Die Engstirnigen unter Ihnen mögen meine Ansichten als ketzerisch abtun, weil sie nach einer Gehirnwäsche den Status quo des »Organisationsmenschen« akzeptiert haben. Es fragt sich jedoch, ob der Status quo Ihnen das gegeben hat, was Sie wollen. Sind Sie dadurch nicht dauernd müde und frustriert? Fehlt nicht der Erfolg? Macht Ihnen Ihre Arbeit Spaß, oder betrachten Sie Ihre Tätigkeit eher als »Tretmühle«, als bloßen »Job«?

Ich möchte Ihnen Führungstechniken zeigen, die es Ihnen ermöglichen, Ihr Leben selbst in die Hand zu nehmen und in der Organisation zu Macht zu gelangen. Diese Techniken werden jedoch nur funktionieren, wenn Sie sich gleichzeitig auch die Denkweise eines Siegers zu eigen machen.

Als erstes müssen Sie die herkömmlichen Hemmungen ablegen und statt dessen neue Gebote verinnerlichen, die Gebote für den Sieger:

1. Zuerst komme ich. Meine Interessen vertrete ich am besten selbst.
2. Es gibt keine absoluten Regeln. Was andere für richtig oder falsch halten, gilt nicht für Sie.
3. Die Organisation ist dazu da, Ihren Interessen zu dienen, nicht umgekehrt.
4. Sie sind auf sich alleine gestellt. Nur Einzelkämpfer siegen.
5. Mißtrauisch sein. Aufgepaßt, die Mistkerle sind nur darauf aus, Ihnen eins auszuwischen.

⑥ Denen, die wichtig sind, in den Hintern kriechen – ganz tief. Stellen Sie fest, wer Schlüsselpositionen im System besetzt und Ihnen dienlich sein kann.

⑦ Eines sagen, aber etwas ganz anderes tun. Legen Sie Lippenbekenntnisse zu den in der Organisation geltenden Vorschriften ab.

⑧ Im Team arbeiten, aber sicherstellen, daß Sie immer besser sind als die übrigen Mitglieder im Team.

⑨ Die Wahrheit gereicht Ihnen nicht immer zum Vorteil. Diejenigen, die über Ihre Zukunft entscheiden, wollen schlechte Nachrichten nicht unbedingt hören.

⑩ Tatsachen so verdrehen, daß sie den eigenen Interessen dienen. Selbst wenn die Sache stinkt, sollten Sie duften wie ein Rosenstock.

⑪ Ihr »Gegenschlag« muß zuerst kommen. Wenn Blut fließt, sei's drum. Hauptsache, es ist nicht Ihr eigenes.

⑫ Kräftig die eigene Reklametrommel rühren oder – noch besser – dafür sorgen, daß andere Ihr Lob in höchsten Tönen singen.

⑬ Das Umfeld beherrschen – sonst beherrscht es Sie.

Diese Richtlinien müssen Sie immer vor Augen haben. Lernen Sie sie auswendig, üben Sie sie ein! Sie müssen Ihnen so vertraut werden, daß Sie sie noch im Schlaf befolgen. Sie sind der alleinige Schlüssel zu Ihrem Erfolg im Organisationsspiel.

1 Das Organisationsspiel

Für die meisten von uns sind Organisationen (ein Oberbegriff, der für Institutionen, Verbände, Behörden wie für Unternehmen gilt) Einrichtungen, durch die wir unseren Lebensunterhalt verdienen. Sie sind unmittelbares Betätigungsfeld für unsere kreativen Energien. Ist aber das ernste Anliegen, den eigenen Lebensunterhalt zu verdienen oder sich selbst zu verwirklichen, nicht viel zu wichtig, um als »Spiel« bagatellisiert zu werden?

Denken Sie doch einmal an die Unmenge von Büchern zum Thema Führung. Sie wimmeln von Begriffen aus Sport und Spiel. Immer wieder ist die Rede von Strategien und Taktiken, Angriff und Verteidigung und davon, daß man es dem Gegner zeigen werde. Das Leben als Führungskraft ist ganz offensichtlich ein Spiel, da es Sieger und Verlierer hervorbringt. Schauen Sie sich in Ihrem eigenen Unternehmen um. Die Sieger werden Sie schnell ausmachen können, jene, denen es gelungen ist, Macht in der Organisation zu erlangen. Genausoschnell werden Sie die Verlierer erkennen, die Versager, die Verbitterten, die Menschen, die es hätten besser machen können oder sollen, aber irgendwie im Kampf um die Vorherrschaft den kürzeren gezogen haben.

Neu ist diese Idee nicht. Vor über vierzig Jahren beschrieb *Stephen Potter* in seinem humorvollen Klassiker *One-Upmanship* die Welt der menschlichen Wechselwirkungen als ein kompliziertes Spiel, in dem sich die Teilnehmer alle Möglichkeiten zunutze machen können, Vorteile vor ihren Mitspielern zu erlangen. In etwas seriöserem Ton zeigte *Eric Bernes* zukunftweisendes Werk *Games People Play* (dt. *Spiele der Erwachsenen)*, daß zwischenmenschliche Beziehungen als eine

Reihe unterschiedlicher Handlungen mit Belohnungen für den einzelnen verstanden werden können. Berne argumentierte, daß Menschen ihr Verhalten immer danach ausrichten, wie sie die meisten Pluspunkte sammeln können. Sie werden naturgemäß versuchen, ihre eigenen Vorstellungen durchzusetzen. Das Leben eines Managers unterscheidet sich in dieser Beziehung nicht von allen anderen Formen menschlicher Tätigkeiten. Das von ihm angestrebte Ziel ist die Macht über ihr Leben als Führungskraft und daher die Macht in der Organisation.

Natürlich empfiehlt die traditionelle Meinung zum Management nicht die Verfolgung eigener Interessen. Statt dessen wird empfohlen, daß wir überzeugte Teamspieler werden sollen. Nehmen Sie ein beliebiges Buch zum Thema Führung in die Hand. Schon von der ersten Seite an werden Sie so angesprochen, als ob bestimmte Postulate allgemeingültig seien:

- Als Manager wollen Sie das Beste für das Unternehmen, in dem Sie arbeiten.
- Sie übernehmen die Handlungsweisen des Unternehmens, um es erfolgreicher zu machen.
- Sie stellen Ihre Ziele, Ihre Wünsche, Ihre Persönlichkeit und sogar Ihr Privatleben zum erkennbar größeren Nutzen der Organisation zurück.
- Sie hängen sich den Mantel des »Organisationsmenschen« um. Sie spielen, um zu siegen – für die Organisation.
- Sie sind ein williges Opfer in diesem Prozeß, in dem Sie in Wirklichkeit ihre Seele verkaufen – für Gehalt, Sicherheit, Status und vielleicht die Insignien der Macht.

Die meisten Führungskräfte erliegen dieser Art des Denkens zu ihrem eigenen Schaden. Überall in Ihrer Umgebung gibt es intelligente, starke Menschen, die durch ihre Verbindung mit dem Organisationsteam und zu den Bedingungen der Organisation geist- und willenlos wurden. Weder in der Fachliteratur noch in Managementseminaren werden diese Ausgangspunkte in Frage gestellt. Führungskräfte werden aber auch nirgendwo dazu ermuntert, ihre eigenen Interessen zu verfolgen. Die Gründe dafür liegen auf der Hand. Managementautoren und -trainer sind schließlich Teil eines Systems, das sie dafür belohnt, willige und gewissenhafte Männer und Frauen weiterzubilden. Selbst wenn sie andere Ideen zur Rolle von Führungskräften in Organisationen hätten, läge es noch lange nicht in ihrem Interesse, solche Vorstellungen auch zu fördern.

Es gibt aber durchaus auch andere Ansätze zum Leben eines Managers, wie ich Ihnen noch zeigen werde.

Im herkömmlichen Managementtraining heißt es generell: Manager, die die Kultur des Organisations»teams« in sich aufgesogen und gelernt haben, das Organisationsspiel effektiv einzusetzen, werden Erfolg haben. Das mag stimmen. Organisationstugenden werden - schließlich - belohnt. Es ist jedoch ein langwieriger Prozeß ohne Garantie auf Erfolg. Die in diesem Buch beschriebenen Taktiken aber sind so gewählt, daß Sie die gleichen Ergebnisse schneller und mit viel höherer Erfolgswahrscheinlichkeit erreichen können. Das erfordert jedoch den wesentlichen Einsatz zweier Eigenschaften, die im Wortschatz der Managementgurus unserer heutigen Zeit nie auftauchen: Zynismus und Eigennutz. Psychologisch ausgedrückt muß der siegreiche Manager paranoide und psychopathische Charakterzüge ausbilden. Wer zum Organisationsspiel antritt und siegen will, muß das Spiel ganz für sich alleine spielen.

Ehe Sie als Propagandisten und konventionelle Theoretiker Ihr Veto zu diesem Buch aus Angst einlegen, es könne Massenrevolten in den Unternehmen hervorrufen, müssen Sie sich folgende Fragen beantworten. Würden Sie Henry Ford, Rupert Murdoch und Bill Gates als »fügsame Organisationsmenschen« bezeichnen, die den Status quo akzeptierten? Oder würden Sie sie als Sieger sehen, die der Industrie das Insulin einspritzten, das sie so dringend benötigte? Wenn Sie letzteres bejahen, lesen Sie weiter.

Wer immer noch nicht von meinen Argumenten überzeugt ist, möge sich mit *Carl von Clausewitz* (1780-1831) beschäftigen, einem deutschen Heeresoffizier bescheidener Herkunft, der es im russischen und preußischen Heer zu höchsten Rängen brachte. Er wurde berühmt, weil er erkannte, daß die traditionelle Heeresführung im Kampf gegen die revolutionären militärischen Methoden Napoleons unterlegen war. In seinem Buch *Vom Kriege* entwarf er ein Modell zur Schulung der preußischen Offiziere. Es war so erfolgreich, daß es selbst noch heute beim Militär und den aufgeklärteren Wirtschaftsorganisationen überall in der Welt verwendet wird. Er und ein anderer preußischer Militärreformer, *Helmuth von Moltke*, teilten Führungskräfte in vier Kategorien ein:

● *Intelligent und fleißig:*
Sie neigen zu Spezialisten- und Expertentum. Clausewitz machte sie zu Stabsoffizieren, die ihre Intelligenz dazu einbrachten, die Truppenverpflegung und den Nachschub sicherzustellen. Sie sind »system«orientierte Menschen. In heutigen Organisationen entsprechen sie den Fachkräften und Sachbearbeitern.

● *Dumm und faul:*
Diese Menschen sind zu dumm, um Befehle zu verweigern. Sie tun genau das, was man von ihnen will, nicht mehr und nicht weniger. Es gibt ein großes Betätigungsfeld für sie im Militär und in modernen Organisationen. Sie entsprechen dem Gros des »Fußvolkes« im niederen Management.

● *Dumm und fleißig:*
Solche Menschen findet man häufig, in Organisationen genauso wie im Militär. Sie werden jede Aufgabe, die ihnen über den Weg läuft, mit Eifer und Energie angehen, selbst wenn sie sinn- und nutzlos ist. Sie sind zu dumm, um zwischen Wichtigem und Unwichtigem zu unterscheiden. Ihnen geht es eher um korrekte Abläufe und Formen als um

Ergebnisse. Sie sind stolz darauf, den schweren Weg zu gehen, und merken nicht, wann es an der Zeit ist, aufzugeben. Organisationen brauchen solche Menschen genauso wie Salmonellen in der Weihnachtsgans.

Wer dumm-fleißige Mitarbeiter hat, hat zwei Möglichkeiten: sie zu entlassen oder auf Posten abzuschieben, in denen sie möglichst wenig Schaden anrichten können. In modernen Organisationen können sich Menschen dieses Typs um »Just in time«, umfassende Qualitätssicherung (TQM) oder auch Vorschriften zu Verbrauch und Entsorgung von Toilettenpapier kümmern. In ihrem Eifer und Fleiß sind sie so von der Methodik besessen, daß sie den Blick für das Endprodukt verlieren.

● *Intelligent und faul:*
Diese Menschen haben viele Ideen, lassen sich aber nur dann zum Handeln bewegen, wenn es absolut notwendig ist. Sie finden den schnellsten Weg, Dinge zu erledigen, mißachten die Form und konzentrieren sich auf das Ergebnis. Durch Delegieren von Aufgaben gewinnen sie Zeit zum Nachdenken und Planen. Der intelligente und faule Manager kommt außerdem gut mit anderen in der Organisation zurecht, weil er erkannt hat, daß er ihre Hilfe braucht, um voranzukommen. Nach Clausewitz ist dieser Managertyp der wertvollste für eine Organisation.

Das Clausewitzsche Modell ist auch heute noch auf Organisationen anwendbar. Der intelligente und faule Manager etwa hat für sein Unternehmen eine ganze Reihe von Vorteilen:

● Da er faul ist, wird er sich nicht in traditionelle Arbeitsmethoden verstricken lassen, sobald sie zeitaufwendig sind. Statt dessen wird er neue Techniken zur Erledigung der anstehenden Aufgaben entwickeln.
● Er wird den bequemsten Weg finden, auf dem dies erreichbar ist.

- Er wird nach unten delegieren, wo die Aufgaben durch kostengünstigere Arbeitskräfte ausgeführt werden können.
- Er wird die herkömmlichen Methoden in Frage stellen und so die Dynamik der Organisation erhalten. Dadurch wird er schließlich neue Märkte, Technologien, Produkte und Dienstleistungen entdecken.
- Er wird sich um gute Beziehungen zu seinen Kollegen bemühen, da er andere zur Erledigung der Aufgaben braucht.
- Er wird Technologie einsetzen, um Zeit zu sparen.

Im Organisationsspiel zu siegen bedeutet, Schranken zu überwinden, menschlich wie organisatorisch. Es bedeutet auch, Macht in der Organisation mit einem Minimum an Anstrengung und einem Maximum an Lohn zu gewinnen. Zu finden ist der schnellste und einfachste Weg zur Vermeidung oder Beseitigung der Hindernisse auf dem Weg zur Macht. Es geht um Maximierung des Ertrags und Minimierung des Einsatzes.

Lassen Sie mich klarstellen, was ich unter Macht verstehe. Man kann dieses Wort benutzen, um Reichtum, Stellung und Einfluß zu beschreiben. Macht kann aber auch die Fähigkeit eines einzelnen bedeuten, sein Handeln selbst zu steuern und die Eingriffe Dritter auf ein Minimum zu beschränken. Macht in einer Organisation hat der, der weiß, was er will und dafür sorgt, daß er es auch bekommt.

Betrachten Sie das folgende Beispiel und sehen Sie, wie jeder die Art von Macht ausüben kann, die seinen Bedürfnissen entspricht.

Die Brauerei Old Archie's ist ein kleiner Familienbetrieb, in dem Tanten, Onkels und Cousins die leitenden Positionen innehaben. Nach dem Tod seines Großvaters hat David das Unternehmen geerbt und die Position des Geschäftsführers übernommen. Beunruhigt über die schwache Ertragslage, sucht er nach Verbesserungsmöglichkeiten. Da es ein Familienunternehmen ist, will er niemanden entlassen. Er verwendet daher das Clausewitzsche Modell als Grundlage für die durchzuführenden Veränderungen.

Tante Jess, lieb, freundlich und altmodisch, leitet das Rechnungswesen (die Buchhaltung). Als David vorschlägt, ein moderneres System einzuführen, sagt sie ihm:»Mein Junge, ich führe meine Bücher seit 1940 mit Hauptbuch, Kugelschreiber und Kohlepapier und werde mich nicht auf einen komischen Computer umstellen! Als nächstes möchtest du noch, daß ich zum Mond fliege!« David ordnet sie in die Kategorie *dumm und fleißig* ein und beschließt, ihr die neu geschaffene Position »Gästeführerin im Old Archie's Besucherzentrum« zu übertragen. Tante Jess ist hoch erfreut über ihre neue Rolle, da sie sich als Bewahrerin der traditionellen Werte des Unternehmens betrachet.

Onkel Bert ist der Braumeister. In der Branche weiß man, wieviel Liebe und Mühe er auf sein Produkt verwendet. Old Archie's ist ein qualitativ hochwertiges Bier. Onkel Bert hat jedoch nie Anstalten gemacht, die Produktpalette zu erweitern. So konnte die Konkurrenz in die Lücke stoßen. Onkel Bert fällt in die Kategorie *dumm und faul*. David beschließt, Cousin Jamie zum »Manager Produktentwicklung« zu ernennen. Jamie hat erst kürzlich sein Studium mit dem Grad eines MBA abgeschlossen und gilt als Überflieger. Seine Ernennung beruht darauf, daß er *intelligent und fleißig* ist und wahrscheinlich dafür sorgen kann, daß Onkel Bert macht, was er ihm sagt. Onkel Bert ist glücklich über dieses Arrangement, da er die Anweisungen von Cousin Jamie befolgen und gleichzeitig vermeiden kann, die Verantwortung für die Durchführung wichtiger Initiativen selbst übernehmen zu müssen. Auf der anderen Seite hat Cousin Jamie die Chance erhalten, seine Managermuskeln spielen zu lassen.

Cousine Emma ist freiberuflich als Buchhalterin tätig. Sie hat an einer Reihe höchst erfolgreicher Unternehmensgründungen mitgewirkt. David lädt sie ein, in das Unternehmen einzusteigen und die »Buchhaltungs«funktion von Tante Jess zu übernehmen und als seine rechte Hand zu wirken. Emma ist *intelligent und fleißig* und freut sich über die Gelegenheit, ihre finanztechnischen Fähigkeiten einbringen und interessante Herausforderungen in einer familiären und beschützten Umgebung annehmen zu können.

David selbst, *intelligent und faul*, hat nach unten an Emma und Jamie delegiert. Er weiß, daß er sich auf sie verlassen kann und sie einen reibungslosen Tagesablauf sicherstellen werden. Ansonsten konzentriert er sich auf die Erarbeitung eines strategischen Planes zur Entwicklung des Unternehmens.

Ihre eigenen Erfahrungen:

- Können Sie einen Manager in Ihrer Organisation nennen, der darüber, wie er behandelt wurde, verbittert ist? Paßt auf ihn die Bezeichnung Verlierer?
- Kennen Sie auch einen Manager, der innerhalb des Systems gut abgeschnitten hat? Trifft auf ihn die Bezeichnung Sieger zu?
- Wie weit können Sie offen zugeben, daß Sie sich wirklich einen Dreck um Ihre Organisation scheren und daß sie nach eigener Machtentfaltung streben: Leicht/unter Schwierigkeiten/überhaupt nicht?
- Denken Sie an die Seminare, die Sie besucht haben. Wie oft haben die Referenten Unterlagen eingefügt, die Ihnen helfen könnten, Macht auf Kosten der von der Organisation verfolgten Linie zu gewinnen?

Mißtrauen muß sein

Die herkömmliche Ansicht, Organisationen seien Teams, die für ein gemeinsames und höheres Wohl arbeiten, ist ein Mythos. Organisationen und die Menschen, die in ihnen arbeiten, wollen Sie vom Gewinnen abhalten, wollen Sie am Sieg hindern – jeder auf seine eigene besondere Art und jeder aus seinen eigenen besonderen Gründen. Es liegt deshalb auf der Hand, daß ein Manager, der siegen will, seinen Organisationsalltag mit einem Schuß Zynismus und abgrundtiefem Mißtrauen bewältigen muß. Gehen Sie davon aus, daß das System gegen Sie ist und gerade Ihren Sturz plant. So wappnen Sie sich vor späteren Enttäuschungen. Sie müssen sogar davon ausgehen, daß Sie das scheinbar »tote Gewebe« der Organisation zum Feind haben, und Ihre Wachsamkeit wird belohnt werden.

Sehen Sie sich die folgende Abbildung an. Sie zeigt, wo Sie im Verhältnis zu anderen in Ihrem Umfeld stehen. Diese Abbildung unterstreicht, wie nötig es ist, allen und jedem in der Organisationsstruktur zu mißtrauen. Es ist ein »Managementkreuz« - und Sie sind in der Mitte festgenagelt. Ihre Vorgesetzen und Mitarbeiter stehen über und unter Ihnen. Ihre Kollegen lauern auf beiden Seiten. Bedenken Sie, daß jede Gruppe, aus ihrer eigenen besonderen Perspektive heraus, Interessen und Bedürfnisse hat, die sich mit Ihrem Streben nach Macht nicht decken. Bedenken Sie auch, daß deren bloße Existenz - selbst wenn sie sich dessen nicht bewußt sind - bereits bedeutet, daß Sie in Ihrem eigenen tagtäglichen Streben nach Erfolg gegen deren Interessen handeln müssen. Lassen Sie uns das eins nach dem anderen betrachten.

Von oben stehen Sie unter dem Druck der Organisation. Das wird Sie zwingen, all Ihre Energien zu kanalisieren, um die Ziele der Organisation zu verwirklichen, nicht aber die eigene Siegesplanung mit dem Ziel, Macht zu erlangen, umzusetzen. Diese Feststellung hat nichts mit Boshaftigkeit zu tun. Die Organisation hat die moralisch neutrale Motivation einer Klapperschlange. Sie beißt nicht etwa, weil sie bösartig ist, sondern weil Klapperschlangen nun einmal beißen.

Druck von oben ist jedoch keineswegs unpersönlich. Ihre Vorgesetzten werden die Vorschriften und Bedürfnisse der Organisation in ihrem eigenen Sinne deuten, um Ihnen Einsatz und Aktivität abzuverlangen. Darüber hinaus wird jede Ebene des oberen Managements ihre eigenen Druckmittel anwenden –

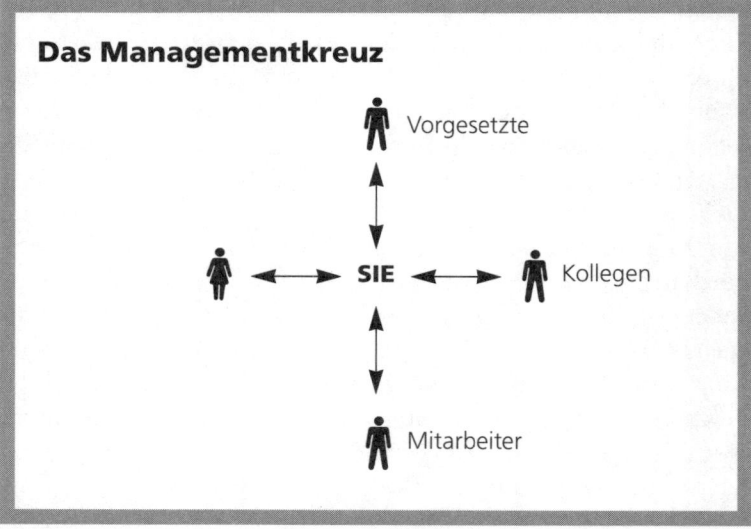

Das Managementkreuz

Vorgesetzte

SIE

Kollegen

Mitarbeiter

Abb. 1

je nach Mischung aus persönlicher Laune und organisations-
bedingtem Opportunismus. Gehen Sie davon aus, daß »die da
oben« Sie in die Zange nehmen. Deren Selbstinteresse verlangt das, wenn sie weiter Führungskräfte bleiben wollen.
Sie auf der anderen Seite werden im Verhältnis zu Ihren Mitarbeitern einen ähnlichen Ansatz pflegen müssen. Das ist beileibe
nicht einfach, denn die Mitarbeiter haben ihre eigene Planung,
die Ihr ganz persönliches Streben nach Macht behindern kann.
Eines der schlimmsten Probleme in einer Organisation ist es,
sich zwischen zwei Stühlen wiederzufinden: zwischen dem Willen des Vorgesetzten und der Unnachgiebigkeit von Mitarbeitern. Um das zu überstehen und voranzukommen, müssen Sie
einen Weg finden, bei Ihren Mitarbeiter Ihren Willen durchzusetzen. Sonst können Sie sich unter die Verlierer einreihen.
Die mit Ihnen ranggleichen Kollegen sind das größte Hindernis. Sie sind natürliche Konkurrenten, und die Gegnerschaft
ist offen, aber es gibt, anders als im Verhältnis zu Vorgesetzten und Mitarbeitern, zu ihnen keine Machtbeziehung. Mit

ihnen umzugehen wird ein beträchtliches Maß an praktischen Fähigkeiten und Energie erfordern. Von allen Gruppen, die in der Organisation gegen Sie antreten können, sind es die Kollegen, die Ihr Vorankommen am meisten behindern. Dazu gehören sowohl Einzelpersonen als auch Gruppen, die Ihren Sturz aktiv betreiben.

Die Tatsache, daß tiefstes Mißtrauen angesagt ist, scheint zwar weit hergeholt, aber viele Jahre im Alltag der Organisationen, in denen ich zugesehen habe, wie Manager andere ausbeuteten und selbst ausgebeutet wurden, zeigen mir, daß die Dinge nun einmal so sind. Wer über solche Kräfte Macht erlangen will, muß dafür einen Preis zahlen: Er muß ständig auf der Hut ist sein vor den Machenschaften anderer. Organisationen und die Menschen in ihnen werden Sie klein halten, wenn Sie nicht aktiv gegen sie vorgehen.

Ich habe dieses Buch mit einem Versprechen begonnen. Dennoch sind wir wohl ziemlich schnell in einen pessimistischen Ton geraten. Das soll so nicht bleiben. Sie müssen sich der Feindseligkeiten in Ihrem Umfeld bewußt sein - und können gleichzeitig beruhigt sein, daß es sie gibt. Opposition gegen Sie kommt von anderen menschlichen Wesen mit ihren nur allzu menschlichen Eigenheiten und Fehlern. Wenn Sie sich das klarmachen, sind Sie ihnen schon einen Schritt voraus. Ihre Gegner handeln unbewußt. Anders als Sie halten sie sich nicht an einen sorgfältig überlegten und wohl instrumentierten Plan, der auf der fundierten Kenntnis der menschlichen Schwächen und Anfälligkeiten basiert. Wenn Sie wissen, wo und wann Ihre Feinde lügen, und wenn Sie den festen Willen haben, sie zu schlagen, müssen Sie nur noch Ihre Waffen einsetzen, um sie zu besiegen. Im weiteren Verlauf des Buches werde ich deshalb folgende Themen anreißen:

- Wie erkenne ich sinnlose Regeln?
- Wie erkenne ich Menschen, die mir den Sieg verwehren wollen?
- Wie mache ich mir den Einfluß von Gruppen bewußt?

- Wie setze ich mir Ziele, und wie verwirkliche ich sie?
- Wie begreife ich die Machtstrukturen der Organisation, und wie finde ich darin meinen Weg?
- Wie gelingt es mir, daß andere sich nach mir richten?
- Wie streife ich die Verlierermentalität ab?
- Wie entwickle ich einen erfolgsbetonten Führungsstil?

Menschen sind von zentraler Bedeutung für das Organisationsspiel. Sie sind die Instrumente, die Ihnen behilflich sein werden, Macht zu erlangen. Zuerst jedoch müssen Sie lernen, wie man sie einsetzt und beeinflußt.

Ihre eigenen Erfahrungen:

- Setzen Sie Namen in das Managementkreuz, so wie es auf Sie zutrifft. Kennzeichnen Sie Ihre unmittelbaren Vorgesetzten. Benennen Sie die Gruppen, die Ihnen unterstehen. Schauen Sie zu beiden Seiten und arbeiten Sie die Namen derjenigen heraus, die auf der gleichen Organisationsebene stehen wie Sie.
- Fragen Sie sich: »Wann habe ich mich das letztemal von der Organisation ausgenutzt gefühlt?«
- Wann haben Sie das letztemal erlebt, daß ein Manager vom System ausgenutzt wurde?
- Haben Sie jemals den Druck empfunden, zwischen den Ansprüchen des oberen Managements und der Unnachgiebigkeit Ihrer Mitarbeiter gefangen zu sein?
- Können Sie sich an eine Gelegenheit erinnern, in der Ihre Ihnen gleichrangigen Kollegen im Managementkreuz Ihr Streben nach Macht behindert haben?
- Schauen Sie sich um. Nehmen Sie sich jeden Arm Ihres Managementkreuzes vor, und überlegen Sie, wer einer gewaltigen Fehleinschätzung erlegen ist, weil er die von seiner Umgebung ausgehende Gefahr für seine Position nicht erkannte.

Welcher Einsatz ist gefragt?

»Sklaverei gibt es überall. Es ist ein Unkraut, das auf jedem Boden gedeiht«, sagte *Edmund Burke* in seiner Rede zur Versöhnung mit Amerika im Jahre 1775. Lesen Sie »Organisation« anstelle von »Sklaverei«. Die Propagandisten werden diese Idee natürlich verspotten. Aber lassen Sie uns eines der beliebtesten Werkzeuge, das Manager dazu veranlaßt, noch mehr zu arbeiten, analysieren: die Vereinbarung über den zu leistenden Arbeitseinsatz.

Diese theoretische Vereinbarung trifft der einzelne mit der Organisation. Sie bezieht sich auf den von ihm erwarteten Einsatz und die dafür zu erwartende materielle und immaterielle Entlohnung. Theoretiker beschreiben dieses Abkommen so, als bestehe eine Art Gleichheit zwischen den beiden vertragschließenden Parteien. Ihre eigene Erfahrung wird Ihnen jedoch sagen, daß die Organisation unendliche Leistungen erwartet. Wie viele unter Ihnen haben schon einen Arbeitsvertrag unterschrieben, in dem die Funktionsbeschreibung die harmlos wirkenden Worte »und andere Aufgaben, wenn erforderlich« enthielt? Auf der anderen Seite sind die Ihnen zustehenden Gegenleistungen genau definiert. Ziemlich offensichtlich trachten Organisationen danach, Ihnen soviel Engagement wie möglich gegen sowenig Entlohnung wie möglich abzuverlangen.

Die Erwartung, daß Sie der Organisation Ihr Allerbestes geben, verträgt sich nicht mit Ihrem natürlichen Streben nach Macht. Von Ihrer Seite aus betrachtet, ist das Abkommen eine Bürde, der Ihr Leben unterliegt. Sie stimmen ihm zu, damit Sie in einem bestimmten Stil und mit einem bestimmten Status leben können. Zur Frustration des »inneren Ichs« - jenes Teiles Ihrer Psyche, der die Aufgabe hat, zum eigenen Wohl zu wirken - wird dies immer zuwenig und zu spät für zuviel Mühen sein. Das Abkommen über den zu leistenden Einsatz ist von Beginn an gegen Ihre Bedürfnisse konzipiert. Auch wenn Sie entsprechende Lippenbekenntnisse ablegen müssen, kann niemand mit einem so einseitigen Abkommen Anspruch auf Ihre Loyalität erheben. Sie sollten das Abkommen über den zu leistenden Einsatz als das sehen, was es ist - ein von der Organisation eingesetztes Instrument, das Sie in Ihrem natürlichen Streben nach Macht zur Verwirklichung der eigenen Ziele hindern soll.

Um als Sieger aus diesem ungleichen Kampf hervorzugehen, muß man jedoch mehr tun, als nur den Inhalt dieses Abkommens über den zu leistenden Einsatzs abzulehnen. Wer einen Fehler im Organisationsspiel macht, verliert es. Verlierer verfehlen nicht nur die eigene Macht, sondern verbringen auch den Rest ihres Arbeitslebens damit, sich auf Tätigkeiten zu konzentrieren, die gemeinhin mit Verlierern in Verbindung gebracht werden. Dafür einige Beispiele:

- Besuch von Veranstaltungen, bei denen keine wirklich wichtigen Entscheidungen getroffen werden.
- Sorge um die Aufgabe, die Organisation und die darin tätigen Menschen.
- Achtung statt Geringschätzung bestehender Regeln.
- Erledigung von Aufgaben, die hätten delegiert werden können.
- Bessere Durchführung als notwendig.
- Erledigung von Aufgaben, für die das Team - nicht Sie - Anerkennung erhält.
- Immer zur Verfügung stehen und sich jederzeit unterbrechen lassen.
- Sich freiwillig melden.
- Lesen sämtlicher Aktennotizen, Briefe, Berichte und Dokumente im Eingangskorb.
- Keine Bitte abschlagen.
- Immer Genehmigungen einholen.

Der schlimmste Aspekt des Verlierertums besteht darin, daß Ihr Leben von äußeren Ereignissen, auf die Sie nur wenig oder keinen Einfluß haben, bestimmt und gesteuert wird. Sie stellen fest, daß Sie in Ihrer eigenen Welt der Selbständigkeit Ihres eigenen Handelns beraubt sind. Kurz: Sie gewinnen das Organisationsspiel, oder Sie gehen unter.

All das klingt wohl sehr entmutigend. Allein die Tatsache, daß Sie dieses Buch lesen, sollte Ihnen jedoch eine wesentliche Quelle der Ermunterung sein. Sie haben offensichtlich schon erkannt, daß Sie ein potentieller Sieger sind: Jetzt müssen Sie Ihr Ziel nur noch verwirklichen. Sie müssen von Anfang an begreifen, daß Sie eine Wahl haben und daß Sie zum Siegen fähig sind. *Voraussetzung dazu ist ein genügend starker Wille.* Sie müssen jedoch auch gewillt sein, sich entsprechend anzustrengen. Sie müssen darauf gefaßt sein, Opfer zu bringen. Sonst werden Sie als Verlierer enden.

Ein wesentliches Thema in diesem Buch ist folgendes: Ein Manager, der siegen will, muß all jene Gedankengänge ad acta legen, die einem Sieg im Wege stehen. Ihnen wird in diesem Buch gezeigt werden, wie man sich die richtige geistige Einstellung aneignet. Eine der ersten Lektionen in diesem Prozeß ist die Erkenntnis, daß Sie Ihren Willen zur Macht zielstrebig verfolgen müssen. Sie müssen von der Organisation das erreichen, was Sie wollen, und nicht das, was Sie nach Meinung Ihrer Vorgesetzten und Mitarbeiter verdienen. All dies hat mit dem Begriff »Verdienste« nichts zu tun. Sie müssen begreifen, daß Sie vom System nicht das zurückbekommen, was Sie hineinstecken. Sie können viel mehr Macht und Steuerungsmöglichkeiten für Ihr eigenes Leben herausholen, als Sie denken.

Siegreiche Manager erkennen dies und handeln entsprechend. Sie wissen, daß sie immer Ausschau halten müssen nach Gelegenheiten und daß dies die geistige Verfassung eines Siegers erfordert. Verlierer lassen es zu, daß man sie zu Kreaturen der Organisation und ihrer Mitglieder macht. Sie sind es zufrieden, die Bedürfnisse und Ziele der Organisation über die eigenen zu stellen.

Wer siegen will, muß sich von den Regeln frei machen, die von anderen aufgestellt wurden, um sie an das zu binden, was die Organisation von ihnen will, anstatt das zu tun, was für sie richtig ist. Wie Sie sehen werden, bilden Sie sich die Hindernisse auf Ihrem Weg nur ein. Sie verschwinden, wenn Sie sich weigern, sie zu akzeptieren.

Wie ich bereits ausführte, müssen Sie, wenn Sie als Sieger aus dem Organisationsspiel hervorgehen wollen, Ihrem abgrundtiefen Mißtrauen noch einen kräftigen Schuß Psychopathie beimischen. Mit diesem Charakterzug können Sie sich darauf konzentrieren, Ihr Managementumfeld zu beherrschen. Vor allem aber brauchen Sie den unbedingten Willen, die Hemmungen zu überwinden, die Ihnen als Teil des Zivilisationsprozesses eingeimpft wurden. Sie müssen erkennen, daß es nur die Regeln gibt, die Sie selbst aufgestellt haben. Wenn dieser Schritt getan ist, steht nur noch Ihr inneres Ich zwischen Ihnen und dem Sieg.

Ihre eigenen Erfahrungen:

● Haben Sie jemals das Gefühl gehabt, daß Ihr guter Wille von Vorgesetzten ausgebeutet wurde?

● Haben Sie jemals das Gefühl gehabt, daß die Organisation ungerechtfertigte Forderungen an Sie stellte, Sie sie aber erfüllen mußten, weil Sie sonst den kürzeren gezogen hätten?

● Können Sie sich mit einem anderen in Ihrer Organisation identifizieren, der anscheinend vorankommt, ohne es zu verdienen?

● Gibt es einen Manager unter Ihren Kollegen, der sich zu Tode arbeitet, dessen Einsatz aber nie gewürdigt zu werden scheint?

● Denken Sie an eine Situation, in der Sie bei sich gedacht haben: »Die Regeln dieser Organisation sind völlig daneben«.

Herkömmliche Moralprinzipien

Beim Streben nach Macht sind die meisten herkömmlichen Moralprinzipien nutzlos. Sie werden Begriffe finden wie »Loyalität«, »Disziplin« und »Unterordnung der Interessen des einzelnen unter die Interessen der Allgemeinheit«. In vielen Lehrbüchern wird tatsächlich die Meinung vertreten, daß zwischen Managern und Franziskanermönchen kein Unterschied bestehe. Schlimmstenfalls ist die Organisationsphilosophie ein Freibrief für Verlierer. Hier werden die Handlungen derjenigen gerechtfertigt, die zu schwach oder zu unterwürfig sind, um sich über die Masse zu erheben und die Aufforderung zum Siegen anzunehmen. Die herkömmlichen Moralprinzipien und die dazugehörende Philosophie setzen voraus, daß der Mensch sich gerne vor Begriffen wie »Dienen«, »Loyalität«, »Ethik« und »Sorge« um die Organisation und ihre Interessen verneigt. Wer sich so verhält, gerät jedoch mit Sicherheit auf die Straße der Verlierer. Als Sieger müssen Sie sehen, daß Moral immer subjektiv ist. Es gibt keine moralischen oder unmoralischen Taten. Es gibt nur Taten, die von anderen als moralisch oder unmoralisch interpretiert werden. Wenn Sie die Kunst beherrschen, Urteile Dritter über Ihr Verhalten abzulehnen und darüberzustehen, sind Sie frei, sich Ihre eigenen Moralprinzipien zu schaffen. Dies ist nicht so frevelhaft, wie es vielleicht scheint. Moral in Organisationen ist immer eine Sache der persönlichen Entscheidung. Leider wird jedoch der konventionelle Ansatz von Menschen mit Verlierermentalität unterstützt – und das zu Ihrem Nachteil. Solche Prinzipien sind immer durch Selbstinteressen gefärbt und werden von dem Bedürfnis anderer beherrscht, »sich wohl zu fühlen«. Sie aber müssen sich fragen: »Worin bestehen die persönlichen Interessen derjenigen, die Taten als moralisch oder unmoralisch bewerten?«
Ein Manager, der siegen will, muß die Urteile aller Mitglieder der Organisation argwöhnisch betrachten. Die anderen wollen Sie kleinkriegen. Sie wollen Sie wie einen Sklaven dazu bringen, ihr Weltbild zu übernehmen.

Ein Manager, der siegen will, darf sich jedoch auch nicht so verhalten, als wäre er völlig unabhängig von anderen und ihren Moralprinzipien. Denken Sie an die Gebote für den Sieger: Nehmen Sie die Realitäten des Organisationslebens zur Kenntnis und tun Sie so, als ob Sie sich ihnen fügen. Was Sie von den Verlierern trennt, ist, wie weit Sie sich vom Diktat der herkömmlichen Moralprinzipien von der Verfolgung der eigenen Machtziele tatsächlich ablenken lassen. Ihr Handeln muß sich immer dem höheren Ziel der Mehrung Ihrer eigenen Macht unterordnen. Der Zweck heiligt die Mittel.

Das wahre Erkennungszeichen des Siegers ist die Entschlossenheit, trotz aller Hindernisse den eigenen Willen durchzusetzen. Verlierer haben diese Zielstrebigkeit nicht. Sie verkümmern in ihrer Rolle als Dienende. Sie dienen der Organisation und den Menschen und übernehmen deren Vorstellungen über ein »korrektes« Verhalten. Sie glauben schließlich sogar, daß diese Art der Moral universelle Gültigkeit habe.

Charles Perrow schreibt, Manager, die zur Übernahme bestimmter Rollen in Organisationen ausgebildet wurden, seien eigentlich »Eunuchen«. Sie seien durch die Organisation so indoktriniert worden, daß sie nicht mehr eigenständig denken und handeln könnten. Im Organisationsspiel siegen können Sie jedoch nur, wenn Sie sich bewußt von dieser Sklavenmentalität frei machen und erkennen, daß es kein »So sollte es sein« gibt. Es gibt nur das, was Sie wollen.

Ihre eigenen Erfahrungen:

● Fragen Sie sich: »Wie weit würden sich meine Vorgesetzten hinter mich stellen, wenn ich einen kapitalen Fehler begangen hätte, der sie oder die Organisation gefährdet?«

● Kennen Sie einen Manager in Ihrem Umfeld, bei dem es so aussieht, als hätte er die Handlungsweisen der Organisation vollständig verinnerlicht?

Binsenwahrheiten

Der Sieger sollte sämtliche Binsenwahrheiten zum Managerleben mit großem Argwohn betrachten. Die Organisation ist voller Oldtimer, die es als ihre Pflicht ansehen, Jüngere auf die Linie des Unternehmens zu bringen. Solche Junioren mögen zwar in der Hierarchie über ihnen stehen, aber sie setzen trotzdem das Druckmittel ihrer langen Dienstjahre im Unternehmen ein. Sie versuchen, die Neulinge auf den ihrer Meinung nach rechten Weg zu setzen, immer nach dem Motto: »Hier machen wir das so.« Sieger, nehmt euch in acht!
Diese Menschen haben die Macht des gesunden Menschenverstandes auf ihrer Seite. »Gesunder Menschenverstand« ist jedoch keineswegs gesund, am allerwenigsten unter jenen, die seit Jahren im System leben und arbeiten, die seine Eigenheiten verinnerlicht haben und vielleicht wegen ihrer Jasagermentalität belohnt wurden. Als Manager, der siegen will, müssen Sie die Kunst entwickeln, alles, was die Organisation von Ihnen verlangt, stillschweigend in Frage zu stellen. Altgediente Mitarbeiter, denen die Verlierermentalität schon gründlich eingetrichtert wurde, sind nicht gerade die richtigen Wegweiser zur Straße der Sieger. Sie müssen sich von ihnen und von noch viel mehr frei machen. Im wesentlichen werden Ihnen die folgenden Organisationslügen aufgetischt werden:

Ohne Fleiß kein Preis
Diese Idee hat eine lange Vergangenheit. Im westlichen Kulturkreis herrscht beispielsweise die sogenannte »protestantische Arbeitsethik«. Sie hat schon längst nicht mehr mit Religion zu tun, sondern führt ein heimtückisches Eigenleben und hat zu der weitverbreiteten Annahme geführt, daß es schon einen Sinn habe, wenn man sich anstrenge. Auf den Einsatz komme es an. Für jemanden aber, der siegen will, ist eine solche Meinung tödlich. Wenn Sie sich danach richten, werden Sie mit zwei gefährlichen Konsequenzen konfrontiert.

Zunächst werden Sie dem Irrtum erliegen, Fleiß sei Selbstzweck. Überall in Ihrem Umfeld gibt es Manager, die fleißig sind wie die Biber – aber keine Ergebnisse erzielen. Für sie ist es wichtig, vielbeschäftigt zu sein. Sie leiten daraus ab, daß sie ihrer Rolle als gute Mitglieder der Organisation gerecht werden. Schauen Sie sie an, wie sie jeden Morgen um acht Uhr ins Büro kommen, ständig mit einem Timeplaner umherhasten und dazu eine vielbeschäftigte Miene zur Schau tragen. Ein Grund dafür ist aber nicht ersichtlich. Betrachten Sie den Ausruck in ihren Gesichtern, wenn ihr zielloses Bemühen keine Resultate zeitigt. Sie haben sicherlich noch nie von *Frederick Taylor* gehört, der die Meinung vertrat, Menschen sollten nicht mehr, sondern intelligenter arbeiten. Ein typischer Verlierer verhält sich so, als würde ihm der Sieg mit dem Engagement zufallen, mit dem er sich in seine Arbeit stürzt.

Der zweite und wohl noch beunruhigendere Aspekt dieser fixen Idee ist der Glaube, daß das Erzielen von Ergebnissen weniger wichtig sei als das Bemühen darum. Sieger im Organisationsspiel ist, wer Ergebnisse mit minimalem Aufwand erzielt. Der Verlierer glaubt, daß Leistung ohne Mühe irgendwie weniger wert sei als Arbeit unter Schweiß, Blut und Tränen.

Treue zur Organisation
ist oberste Mitarbeiterpflicht

Auch diese Ansicht ist schwachsinnig! Der siegreiche Manager in spe sollte sie sofort verwerfen. Was hatten denn die vielen tausend Menschen, die nach vielen Arbeitsjahren von heute auf morgen entlassen wurden, von ihrer Loyalität? Organisationen trachten danach, ihre Mitarbeiter auszubeuten. Machen Sie sich das klar und verteidigen Sie Ihre eigenen Interessen. Man geht zwar davon aus, daß man Ihre Loyalität erkauft hat, aber Sie müssen sich immer vor Augen halten, daß Sie niemandem etwas schuldig sind, am allerwenigsten der Organisation und ihren Mitgliedern.

Wenn man schon arbeiten muß,
dann bitte auch gut

Dies ist ein sehr ernst zu nehmendes Hindernis auf Ihrem Weg. Genauso wie einige Verlierer schwere Arbeit als Selbstzweck betrachten, gibt es andere, die vom Streben nach Spitzenleistungen fasziniert sind. Alles Handeln, und sei es noch so unbedeutend, muß auf das Erzielen einer Spitzenleistung ausgerichtet sein. Ein Manager, der siegen will, muß lernen, daß das Bessere der Feind des Guten ist, so *Taylor*. Wenn die Mindestanforderungen für die Erledigung einer anstehenden Aufgabe erfüllt sind, lehnen Sie sich lieber mal zurück, genehmigen sich einen schönen Malt-Whisky und schauen Ihren Kollegen zu, wie sie wie die Lemminge rennen. Die Übererfüllung eines Solls ist nur Verschwendung wertvoller Zeit und Energie.

Natürlich sind solche Trugschlüsse innerhalb der Organisationskultur weit verbreitet. Wer siegen will, darf sie jedoch nicht offen in Frage stellen – im Gegenteil: Er muß sie öffentlich propagieren. Denken Sie an das siebte Gebot für den Sieger: *eines sagen, aber etwas ganz anderes tun..*

Ihre eigenen Erfahrungen:

- Suchen Sie einen Manager, der mit einem Minimum an Einsatz Erfolg hatte.
- Suchen Sie einen Manager, der das Gegenteil verkörpert, einen Manager, der sehr viel Energie in die Organisation gesteckt hat, dafür aber wenig oder kaum Dank geerntet hat.
- Kennen Sie einen Manager in Ihrem Unternehmen, der stolz darauf ist, alle Aufgaben, auch wenn sie unwichtig sind, gründlich und gut zu bearbeiten?

Die Methode des Siegers

Der Beschluß, zum Organisationsspiel anzutreten und als Sieger daraus hervorzugehen, fällt sicherlich nicht leicht. Das Spiel selbst findet unter widrigen Umständen statt. Am Anfang spielen Sie »Blindekuh«. Sie sehen die Spielzüge Ihrer Gegner nicht. Hierin liegt zugleich die Schwäche und Stärke des Spiels. Sie wissen nicht, wie sich die Ereignisse gestalten werden, aber Ihre Gegenspieler wissen es auch nicht. Ihre Stärke liegt darin, daß Sie sich dessen bewußt sind und das Geschehen anhand der Informationen, die Ihren Gegenspielern zur Verfügung stehen, beeinflussen können. Sie wissen, daß Ihnen die Augen verbunden sind, und können Schritte unternehmen, um mehr über Ihre Umgebung herauszufinden. Gleichzeitig machen Sie es Ihren Gegnern schwerer, festzustellen, womit Sie selbst gerade beschäftigt sind. Außerdem wissen Sie, daß Ihre Gegenspieler nicht wissen, daß Sie ein Spiel spielen. Das ist Ihr zusätzliches Plus. Ihre Kollegen betrachten die Organisation als eine harmlose Einheit, die keine Analysen erfordert, kein Nachdenken, keine Strategie. Die meisten von ihnen haben sich die Weichen für den Weg ins Verliererdasein schon selbst gestellt.

Wer als Manager siegen will, braucht Stärke und Zielstrebigkeit. In erster Linie aber braucht er den Schneid, seine bis jetzt vorherrschende falsche Weltanschauung abzulegen und einzusehen, daß er auf sich allein gestellt ist. Vielleicht haben Sie ja Verbündete und Helfer, aber deren Loyalität gilt zuallererst sich selbst, auch wenn sie das noch so sehr bestreiten mögen. Umgekehrt gilt ja auch Ihre Loyalität nur Ihnen selbst. Es erfordert Mut zu erkennen, daß ein Teil Ihres inneren Ichs nur allzu bereit ist, das Spiel nach den Regeln des Gegners zu spielen. Sie müssen Ihr inneres Ich disziplinieren und trainieren, damit Sie das Spiel mit ganzem Herzen allein zu Ihrem Nutzen und zur Verwirklichung Ihrer Ziele spielen.

Und schließlich erfordert es auch noch Mut, zu erkennen, daß Sie tatsächlich Macht über Ihr eigenes Leben in der Organisation erlangen und als Sieger hervorgehen können.

2 Der innere Feind

Als Manager, der siegen will, müssen Sie sich mit den inneren
Feinden genauso auseinandersetzen wie mit den äußeren. Um
sich von den Triebkräften abzusetzen, die das Verhalten der
gewöhnlichen Sterblichen bestimmen, sollten Sie die menschliche Psyche und den Handlungsantrieb verstehen, denen ein
Mensch ausgesetzt ist. Nur so werden Sie sie als das erkennen,
was sie sind: lediglich das Produkt menschlicher Schwäche.
Sie müssen diese Triebkräfte aber auch in sich selbst erkennen, wenn Sie sie Ihrem Ziel, das Organisationsspiel zu gewinnen, unterordnen wollen.
In diesem Kapitel möchte ich Ihnen die Terminologie *Sig-
mund Freuds* und seiner Anhänger näherbringen. Vor allem
möchte ich Ihnen zeigen, wie der Zugang zur *Freud*schen
Psychologie das Verständnis für zwei wichtige miteinander
verwandte Probleme erschließt. Erstens: Warum wissen so
viele Manager, was sie tun müssen, um das erforderliche Ergebnis zu erzielen, handeln aber völlig anders? Und zweitens:
Warum wissen so viele Manager, was sie tun könnten, um auf
das Siegertreppchen zu gelangen, aber tun alles andere, nur
nicht das, was sie zum Sieger machen würde?
Sehen Sie sich dazu auch die beiden folgenden Diagramme an.
In beiden Fällen läßt sich der Manager vom Ziel ablenken, in
einem Fall von den Zielen des Siegers, im anderen vom best-
möglichen Ergebnis.
Welche Kraft oder welches Kräftebündel ist am Werk, wenn
begabte und intelligente Manager daran gehindert werden,
ihr Potential zu nutzen und ihre Ziele zu verwirklichen? Sig-
mund Freuds berühmte Triade aus ES, ICH und ÜBER-ICH
gibt darauf Anwort. So verstehen Sie, was tief in der Seele

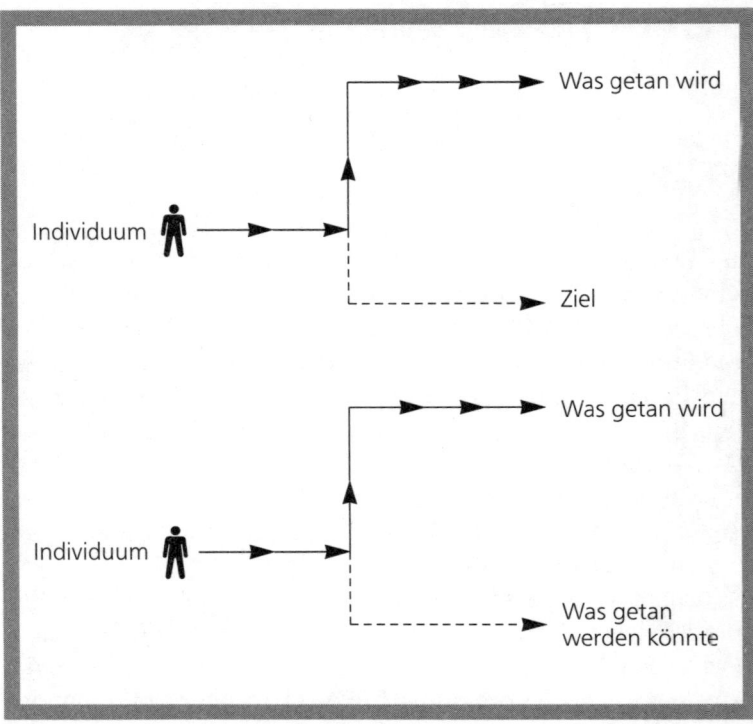

Was getan wird

Individuum

Ziel

Was getan wird

Individuum

Was getan
werden könnte

Abb. 2

eines Menschen vor sich geht, und so werden Sie auch die Verlierermentalität begreifen.

Ihre eigenen Erfahrungen:

● Kennen Sie jemanden in Ihrem Unternehmen, der ständig
scheitert, obwohl er das Zeug hat, es zu schaffen?
● Können Sie sich an zwei Fälle erinnern, bei denen Sie sich
Ziele setzten, diese Ziele aber durch eigene Schuld ver-
fehlten?
● Wann hatten Sie zuletzt das Gefühl, in Ihrer Organisation
nicht das erreichen zu können, wozu Sie fähig sind?

34

Auf viele wirken Begriffe wie ES und ICH abschreckend. Wie viele Fachtermini werden sie von Nichtfachleuten als bedrohlich empfunden, weil sie sie nicht kennen. Sie müssen jedoch über solch kurzsichtige Vorurteile hinwegsehen. Ein Manager, der siegen will, sollte sich nicht von derartigen Fachbegriffen abschrecken lassen. Deswegen werde ich auch auf die von *Eric Berne* geprägten Begriffe und sein Buch *Games People Play* (dt. *Spiele der Erwachsenen*) zurückgreifen. Dieses Buch ist ein Muß für alle, die begreifen wollen, warum Manager sich innerhalb und außerhalb von Organisationen so und nicht anders verhalten.

Die Triade

Die Idee hinter der Triade ist einfach, aber gewaltig. Die menschliche Psyche besteht aus drei Ich-Zuständen – dem ES, dem ICH und dem ÜBER-ICH. Alle Zustände setzen Energien frei mit dem Ziel, einen Menschen dazu zu bringen, sich nach einer dieser drei allgemeinen Möglichkeiten zu verhalten. *Norman Dixon* zeigt in seinem 1987 erschienenen Buch *Our Own Worst Enemy*, daß diese Ich-Zustände mehr sind als nur abstrakte Ideen. Moderne Untersuchungen haben ergeben, daß verschiedene Teile des Gehirns ganz bestimmte Verhaltensweisen steuern. So kann typisches Ich-Zustands-Verhalten durch bestimmte Steuerungsmechanismen im Hirn ausgelöst oder unterdrückt werden.

Jeder Ich-Zustand steht für einen generellen Verhaltenstypus. Das tatsächliche Verhalten des Individuums ergibt sich jedoch aus der Summe seiner Erfahrungen. Menschen haben ihre eigenen, wenn auch unbewußten Vorlieben für die Freisetzung von Energien aus diesen drei Ich-Zuständen. Ihre Verhaltensmuster werden aber auch vom Kräftegleichgewicht zwischen diesen Ich-Zuständen beeinflußt.

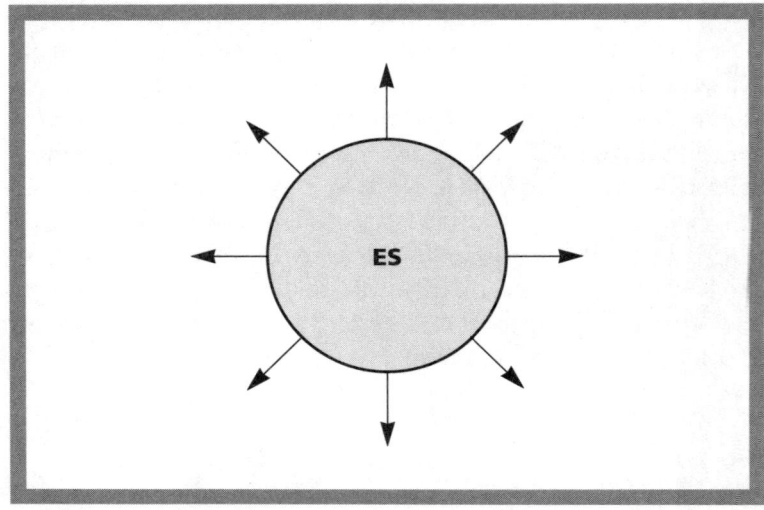

Abb. 3

Lassen Sie uns damit beginnen, das ES zu betrachten, den grundlegenden Baustein der menschlichen Psyche. Der menschliche Organismus muß von Geburt an in einer ihm feindlich gesinnten Umwelt überleben. Glück allein gewährleistet sein Überleben nicht: Es bedarf eines inneren Mechanismus, mit dem versucht wird, der Umwelt den eigenen winzigen Willen aufzuzwingen. Das ist die Aufgabe des ES. Eric Berne bezeichnete das ES als das »Kind-Ich«. Er sah es als die früheste Stufe in der Entwicklung der Triade. Dieses Kind-Ich ist schon beim Säugling vorhanden. Es enthält die natürlichen Triebkräfte, die einen Menschen zu einem bestimmten Verhalten drängen, um sein Überleben zu sichern. Bereits kleine Kinder fordern »Ich will« und »Ich bin hungrig«. Später im Leben ist das ES durch die Willenskraft und Entschlossenheit, seinen eigenen Weg zu gehen, gekennzeichnet. Wenn ich meinen Studenten die allgemeinen Kennzeichen des ES beschreibe, lenke ich ihre Aufmerksamkeit auf meine Terrierhündin, die eine lebendige Verkörperung dieses Konzepts ist. Es sieht so aus, als hätte sie eine Liste von auf dem ES basierenden Verhaltensweisen, die sie durchspielt, wenn sie auf ein neues Phänomen trifft: »Läßt sich das fressen?« - »Kann ich mich sexuell annähern?« - »Wenn beides nicht möglich ist, werde ich angreifen und dagegen kämpfen!«.

Beim Menschen ist das ES auch Sitz des Bewußtseins und Ursprung der Spontaneität, der Liebe zum Leben und der Kreativität. Vor allem aber ist es der Ursprung des Willens. Ein uneingeschränktes ES wird danach streben, seine Umgebung zu beherrschen und im Weg stehende Hindernisse zu beseitigen. Es ist eigennützig, denkt nur an die eigenen Bedürfnisse und überläßt die Aufgabe, sich um die Folgen seines Verhaltens zu sorgen, den übrigen Bestandteilen der Triade. In Nichtbeachtung der Wünsche und Bedürfnisse anderer reagiert es nahezu psychopathisch. Ohne das ES könnte ein Mensch nicht bestehen.

Ihre eigenen Erfahrungen:

- Können Sie sich daran erinnern, wann Sie das letztemal den überwältigenden Wunsch verspürten, etwas zu tun, das Sie sich verstandesmäßig nicht erklären konnten?
- Kennen Sie jemanden in Ihrer Organisation, der häufig impulsiv handelt und dann die Folgen bedauert?

Ein ungezügeltes ES kann für einen Menschen zur Gefahr werden. Wenn ein Individuum nicht von den Menschen in seiner Umgebung erstickt werden will, muß er Kontrollmechanismen für das möglicherweise psychopathische ES entwickeln. Damit tritt das ÜBER-ICH auf den Plan.

Dieses Mitglied der Triade muß die Triebkräfte des ES in auf ein Verhalten ausrichten, das es dem Individuum ermöglicht, in seiner Umwelt zu blühen und gedeihen.

Schon in den ersten Augenblicken unseres Lebens beginnt das ÜBER-ICH mit seiner Tätigkeit, die Überlebensregeln zu erlernen. Sie sind vorwiegend sozialer Natur. Die Rolle der Eltern, die diese Regeln vermitteln, wird bei *Berne* durch die Bezeichnung »Eltern-Ich« anstelle des ÜBER-ICHs unterstrichen. Das ÜBER-ICH ist sehr geschickt darin, das zu erlernen, was Sozialpsychologen als Sozialisation bezeichnen: Es hält beständig Ausschau nach den Regeln, die sein Überleben sicherstellen. Immer wenn das Verhalten des ungezügelten ES auf Widerstand stößt, wandelt das ÜBER-ICH diese Rückschläge in verallgemeinerte Regeln zur Funktionsweise der Welt um. Später artikuliert sich das in Äußerungen wie »Ich muß« oder »Ich darf nicht«. Diese Entwicklung setzt jedoch Sprache und rationales Denken voraus. Sie verläuft deshalb unbewußt. Selbst in späteren Jahren, in denen das ÜBER-ICH noch immer damit beschäftigt ist, die Regeln der Sozialisation zu verinnerlichen, bleiben sie für den Benutzer transparent. Der Einfluß des ÜBER-ICHs zeigt sich vor allem deutlich in den Äußerungen des Gewissens. Dessen wichtigste Aufgabe ist es, unser Verhalten so zu lenken, daß es dem Rahmen unseres gesellschaftlichen Umfeldes entspricht.

Mit der Zeit findet ein Prozeß der Verallgemeinerung und Externalisierung statt. Aussagen wie »Ich muß« und »Ich darf nicht« werden erweitert und schließen die Menschen in der nächsten Umgebung mit ein. Von nun an heißt es auch »Du mußt« und »Du darfst nicht«. Lesern mit Kindern wird folgende Situation durchaus vertraut sein: Eine Reihe von Teddybären und Puppen wird für die Unordnung im Kinderzimmer gerügt: »Mama wird sehr böse mit euch sein, wenn ihr eure Spielsachen nicht aufräumt!« Mein Terrier erhielt neulich von einem Dreijährigen einen Verweis mit hoch erhobenem Zeigefinger. Sein ÜBER-ICH war begierig, die erst vor kurzem erlernte Regel »Du darfst kein Pipi auf der Straße machen, die Nachbarn mögen das nicht« weiterzuvermitteln.

In seinem faszinierenden Buch über die Psychologie des Machtmißbrauchs (*Our Own Worst Enemy*) faßt *Norman Dixon* die Notwendigkeit des Lernprozesses für das ÜBER-ICH zusammen. Seiner Meinung nach lassen sich drei Überlebensfunktionen daraus ableiten. Erstens: Die Menschen müssen zusammen arbeiten. Wir sind schließlich Herdentiere. Damit müssen wir

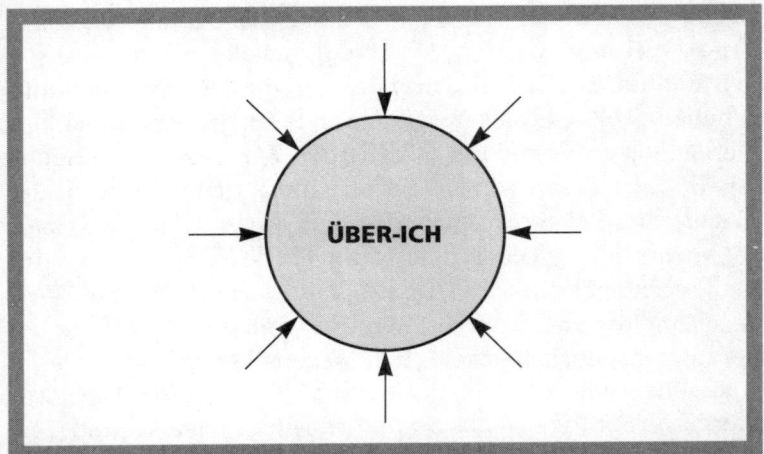

Abb. 4

unseren individuellen Willen gemeinsamen und gemein-schaftlichen Zielen unterordnen. Zweitens: Da unsere Gesell-schaft zunehmend vielschichtiger wird, müssen wir ein zu-nehmend komplexeres Bündel von Regeln einhalten, um zu überleben. Drittens: Der Mensch ist auf den guten Willen an-derer angewiesen. Der Mensch, das Herdentier, braucht die Unterstützung der Herde.

Keine dieser Funktionen würde vom ungehemmten ES erfüllt werden, einem ES, das nur auf die Befriedigung des eigenen Willens aus ist.

Ihre eigenen Erfahrungen:

- Wann haben Sie zum letztenmal eine »innere Stimme« verspürt, die Ihnen befahl, etwas, das Sie wirklich gerne getan hätten, lieber nicht zu tun?
- Können Sie sich an zwei Begebenheiten erinnern, bei denen jemand in Ihrer Organisation versucht hat, Sie dazu zu bringen, einer Regel zu entsprechen, von deren Existenz Sie nicht einmal wußten?

Bisher konnten wir sehen, daß der Sozialisationprozeß aus einer Folge von Konflikten besteht. Auf der einen Seite stehen die auf dem ES basierenden aggressiven und dominierenden Verhaltensweisen, auf der anderen die ihm Einhalt gebietende Umwelt und das ÜBER-ICH. Zur Vervollständigung des Bildes müssen wir uns nun noch das dritte Element der *Freud*schen Triade ansehen, das ICH. Dessen Aufgabe es ist, als Vermittler zwischen dem »Ich will« des ES und dem »Ich muß – ich darf nicht« des ÜBER-ICH zu vermitteln. *Eric Berne* bezeichnet es als »Erwachsenen-Ich«, weil es die Reifung des heranwachsenden menschlichen Wesens kennzeichnet. Je erwachsener wir werden, desto mehr wird unser Verhalten durch vernünftige, logische und objektive Urteile und Entscheidungen gekennzeichnet. Für ihn ist das ICH vorwiegend mit der Informationsverarbeitung beschäftigt. *Norman Dixon* dagegen weist uns jedoch auf dessen pragmatischen Eigennutz hin. Er geht davon aus, daß für das ICH nur die physischen Zwänge der Umwelt und die Befehle des ÜBER-ICH zählen. Darüber hinaus ist es aber zufrieden damit, dem ES zu erlauben, daß Beste aus der jeweiligen Situation zu machen. *Donald Bannister* hat die Funktionsweise der Triade in einer Zeichnung zusammengefaßt. Er beschrieb die Beziehung zwi-

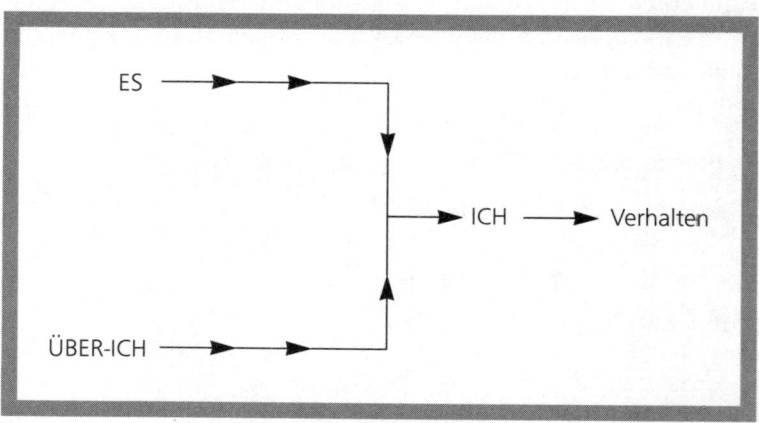

Abb. 5

schen ES, ÜBER-ICH und ICH als einen Kampf um die Herrschaft über das Verhalten eines Menschen, der in einem dunklen Keller stattfinde. Dort kämpfe eine eingefleischte Jungfer mit einem sexbesessenen Affen, wobei ein ziemlich verklemmter Bankangestellter als Schiedsrichter fungiere. Eine weniger drastische Darstellung dieser Beziehung zeigt Abbildung 5.

Schauen wir uns einige Verhaltensmuster an, die von den drei Ich-Zuständen geregelt werden. Die folgende Aufzählung erhebt keinen Anspruch auf Vollständigkeit. Sie soll lediglich einen allgemeinen Eindruck von der Art und Weise des Einflusses der einzelnen Ich-Zustände vermitteln.

Typisches Verhalten nach ICH-Zuständen

ES	*Positiv*	*Negativ*
	kreativ	zerstörerisch
	spontan	unverschämt
	humorvoll	träumerisch
	aktiv	schmollend
	erotisch	unzüchtig
ICH	trifft Entscheidungen	
	wägt ab	
	plant	
ÜBER-ICH	lenkend	hemmend
	leitend	verbietend
	schützend	bestrafend
	hegend	richtend
	pflegend	erdrückend

Beim ÜBER-ICH und ES habe ich zwischen den positiven und negativen Verhaltensweisen unterschieden, die von ihnen bewirkt werden. Die positiven Aspekte sprechen für sich. Die negativen Aspekte erwachsen aus dem unsachgemäßen Einsatz der positiven Gegenstücke. Wir werden das noch näher betrachten. Folgendes möge jetzt genügen: Sollten Sie sich jemals gefragt haben, warum manche Berufe »rechthaberische« Menschen hervorbringen, werden Sie die Anwort im unsachgemäßen Einsatz des ÜBER-ICH finden. Ärzte, Lehrer, Politiker oder auch Offiziere brauchen ein hohes Maß an ÜBER-ICH, um solche Berufe überhaupt zu ergreifen und die von ihnen geforderten Tätigkeiten auszuüben. Es ist jedoch gerade dieses Maß an ÜBER-ICH, das es ihnen wiederum unmöglich macht, den wahren Bedürfnissen ihrer Kunden gerecht zu werden. Die überschüssige ÜBER-ICH-Energie muß sich anderswo eine Bahn suchen. Sobald diese Menschen festgestellt haben, daß sie ihre Energien für das Wohlergehen anderer einsetzen können, kümmern sie sich mit aller ihnen zur Verfügung stehenden Energie um das Wohl ihrer Mitmenschen – selbst wenn diese das gar nicht wollen.

Ihre eigenen Erfahrungen:

- Wann haben Sie ähnliche Verhaltensweisen zum letztenmal praktiziert?
- Überlegen Sie, wann die jeweilige Verhaltensweise unangebracht war, wann ein anderes Verhaltensmuster nützlicher gewesen wäre.
- Können Sie sich an Begebenheiten erinnern, bei denen andere Manager in Ihrer Organisation solche negativen Verhaltensweisen unangebracht einsetzten?

Die aus den drei Ich-Zuständen erwachsenden Verhaltensmuster sind normal und naturgemäß. Wir erleben sie bei uns selbst und bei anderen. Das kommt daher, daß sich so etwas wie atmosphärische Störungen im Gehirn aufbaut, bei denen sich die angestaute Energie über das Vehikel des Verhaltens entlädt. Diese Form des Verhaltens orientiert sich an Erfahrungen aus der Vergangenheit. Nehmen wir beispielsweise an, die Erfahrungen aus der Vergangenheit haben das ICH gelehrt, daß kreative Betätigung trotz des Diktates des ÜBER-ICHs und der Umwelt ein äußerst wirkungsvoller Weg ist, mit den Bedürfnissen des ES umzugehen. Wenn diese kreativen Triebkräfte nun ständig unterdrückt werden, muß sich die vorhandene Energie dennoch irgendwo ihren Weg bahnen. Also sucht das ES nach anderen Möglichkeiten für die unterdrückten Bedürfnisse. Die Zerstörung der Kreativität anderer, Schadenfreude oder auch Rückzug in mürrische Rechthaberei sind dann nur zu verlockende Mittel für das unterdrückte ES, seine Energie freizusetzen. Sie kennen wahrscheinlich genug Menschen in Ihrer Organisation, die dieses Verhaltensmuster mit vorhersehbarer Regelmäßigkeit an den Tag legen.

Ein ausgewogenes Verhältnis zwischen den verschiedenen ICH-Zuständen

Von dem bisher über die Funktionsweise der Triade Gesagten läßt sich schließen, daß jeder Teil gleich stark das menschliche Verhalten beeinflußt. Das ES sorgt für das Überleben des Menschen, indem es versucht, die Umwelt zu beherrschen. Aus dem Bereich des ÜBER-ICHs kommen die notwendigen kontrollierenden Einflüsse. Und das ICH – mit seiner Betonung der Verstandesseite – steuert einen ausgewogenen Mittelkurs. Eine theoretische Sichtweise der menschlichen Psyche stellt das Gleichgewicht zwischen den unterschiedlichen Einflüssen der »Ich-Zustände« ungefähr so wie Abb. 6 dar. Hier hat nun das vernunftbetonte, abwägende ICH einen festen Zugriff auf die Verhaltenseinflüsse des untergeordneten ES und ÜBER-ICHs. Das Verhalten wird vom Verstand

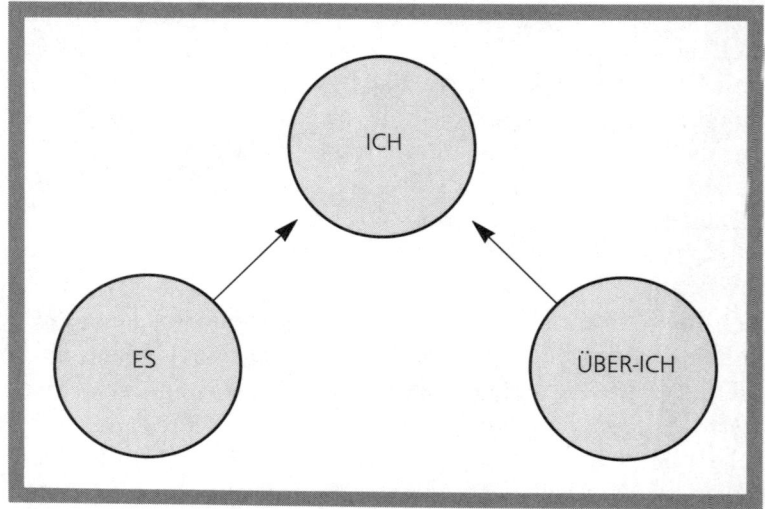

Abb. 6

bestimmt, auch wenn es eine Verstandesorientierung ist, die
von den anderen beiden Ich-Zuständen beeinflußt wird, und
das ICH dahin tendiert, sich im Sinne von »immer das meist-
mögliche herauszuholen« zu entscheiden.

Norman Dixon bestreitet jedoch, daß es in Wirklichkeit so ist.
Auch wenn die Mehrheit unter uns im breiten Mittelfeld der
Sozialisation einzuordnen sei, gebe es Menschen, die unter-,
und andere, die übersozialisiert seien. Sie werden daher von
den Befehlen der verinnerlichten Regeln ihres ÜBER-ICHs
beherrscht. Schematisch dargestellt, ergibt sich dabei eine Situation, die Abb. 7 verdeutlicht.

In manchen von uns behält das ES die Vorherrschaft im
Kampf um die Kontrolle, ungeachtet der Anstrengung der
Umwelt und des ÜBER-ICHs. Der Wille, die Umwelt zu be-
herrschen, ist in einem derartigen Fall stärker als die Kräfte,
die zugunsten von Sozialisation und Konformität wirken.
Selbst die verstandesorientierten, gemäßigten Einflüsse des
ICHs unterliegen den Befehlen des stärkeren ES. Ein extre-
mes Beispiel sind die Menschen, die wir als Psychopathen be-

44

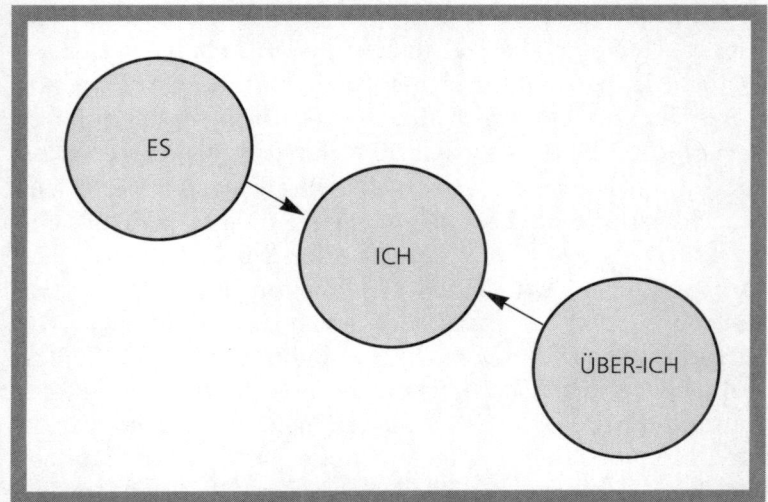

Abb. 7

zeichnen. Bei ihnen zeigt sich genauso, wie sich eine auf dem ES basierende Triebkraft entwickeln kann. Sie streben die Beherrschung der Umwelt mit psychopathischen Verhaltensweisen an, die zerstörerische Folgen für den einzelnen und seine Umgebung haben können. *Norman Dixon* entdeckte solche psychopathischen Neigungen bei vielen Führungspersönlichkeiten in Politik und Industrie. Bemerkenswertestes Beispiel in der jüngeren Geschichte Großbritanniens ist der unter mysteriösen Umständen verstorbene *Robert Maxwell*. Sein Wille, die Wirtschaftswelt zu beherrschen, wurde nur wenig vom seinem ÜBER-ICH gezügelt.

Das Maß an Freiraum, das dem ES zusteht, hängt von der verhältnismäßigen Stärke des beteiligten ICHs und ÜBER-ICHs ab. Je mehr das ES überwiegt, desto größer ist die Wahrscheinlichkeit, daß ein Mensch in seinem Verhalten nach der einen oder anderen Seite ausbricht.

Für mich wurde die Richtigkeit der *Freud*schen Analyse untermauert, als ich die Verhaltensweisen krimineller Psychopathen beobachten konnte (oder vielmehr derjenigen, die auf-

45

grund ihrer Verbrechen als Psychopathen erkannt wurden).
Ich besuchte einmal das Krankenhaus für kriminelle Geistes-
gestörte in Broadmoor in der Grafschaft Hampshire. Zwei
Dinge überraschten mich. Das erste waren die furchtbaren
Verbrechen, die von den meisten der dortigen Insassen begangen worden waren. Das zweite waren deren außerordent-
liche künstlerische Leistungen. Der Ort war überfüllt mit
Kunst, überwiegend mit darstellender Kunst. Es waren hervorragende und wunderschöne Arbeiten darunter. Die Erklärung lag auf der Hand: Bei den Insassen hatte die Vorherrschaft des ES und die Unterordnung des ÜBER-ICHs zu
ganz schauerlichen Verbrechen geführt. Beschränkt auf eine
Umwelt, in der solches Verhalten nicht ausgelebt werden
konnte, mußte sich das ungehemmte ES in kreativem Tun
ausleben. Mangelnder Einhalt durch das ÜBER-ICH ließ sie
widerliche Verbrechen begehen. Ein ähnlicher mangelnder
Einhalt des ÜBER-ICHs aber ließ sie sich nun ungehemmt im
künstlerischen Bereich ausleben.

Ihre eigenen Erfahrungen:

● Kennen Sie aus eigener Anschauung einen sehr kreativen
Menschen, der keine Hemmungen besitzt oder als Ex-
zentriker jenseits aller Verhaltensregeln steht?

Am anderen Ende der Sozialisationsskala finden wir das
»übersozialisierte« Individuum. Dieser Mensch wird in seinem Verhalten weitgehend vom ÜBER-ICH und dem, was er
an Verhaltensregeln gelernt hat, bestimmt. Menschen, die diesem Verhaltensmuster entsprechen, haben Schwierigkeiten,
sich über die Vorschriften ihres hyperaktiven ÜBER-ICHs
hinwegzusetzen. Sie neigen dazu, das Leben als von Regeln
bestimmt zu betrachten. Diese Regeln wurden im Prozeß der
Verinnerlichung auf das Niveau von moralischen Prinzipien
erhöht.

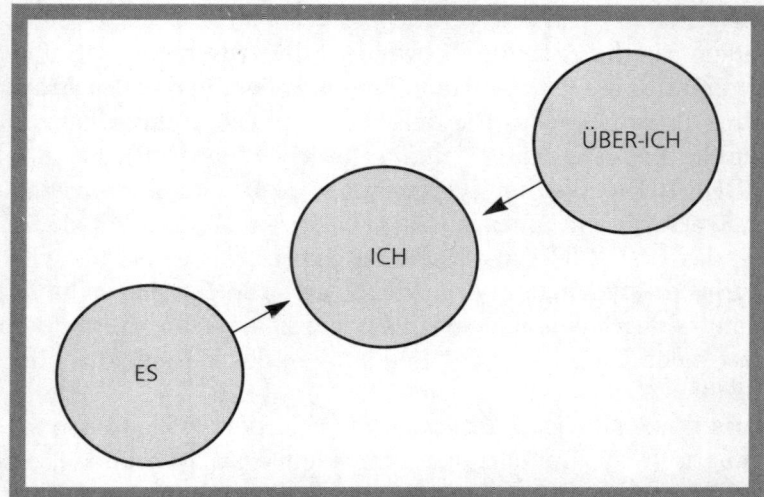

Abb. 8

Derart Unglückliche können vom Drang ihres ÜBER-ICHs, die Vorherrschaft in der Triade zu übernehmen, so unterdrückt werden, daß sie in ihrem Managerleben unbedingt die herkömmlichen Vorgehensweisen bewahren und bloß keine Neuerungen einführen wollen. Die größte Gefahr für sie und ihr Umfeld besteht darin, ihre Konformität auf Kosten der Effektivität zu betonen. Für sie ist Management eher eine »Form der Kunst« als ein Mittel zur Erzielung eines Zwecks.

Ihre eigenen Erfahrungen:

● Können Sie jemanden aus Ihrem Umfeld benennen, dessen Verhalten von den »Regeln« Ihrer Organisation bestimmt wird?

● Können Sie sich an eine Situation erinnern, in der Sie etwas nur ungern taten, weil es im Widerspruch zu dem stand, was in der Organisation »üblich« ist?

47

Sie sollen mit Hilfe dieses Buches als Manager siegreich sein, indem Sie die Zwänge überwinden, die zwischen Ihnen und Ihrem Sieg stehen. Ein Haupthemmnis liegt in der Beschränkung Ihres ES – das Sie durchaus zum Sieg führen kann – durch die dämpfenden und schwächenden Einflüsse des ÜBER-ICHs. Wer im Organisationsspiel triumphieren will, muß erst diesen »inneren Feind« besiegen. Meine Methode ist es, das ÜBER-ICH als das zu entlarven, was es ist: als willkürliche Aufzwingung des Willens anderer. Ihr Ziel sollte es sein, es durch eine neue Sozialisation zu ersetzen, die auf der rationalen Umsetzung der Bedürfnisse des ES aufbaut – ihr Bedürfnis zu siegen.

Dies ist keine leichte Aufgabe. Sie erfordert Willensanstrengung und ist zweifellos auch mit Schmerzen verbunden, da liebgewonnene Vorstellungen als bloße psychologische Konstruktion entlarvt werden. Sie werden den Inhalt Ihres ÜBER-ICHs und das der Menschen in Ihrem Umfeld, die die Regeln Ihrer Organisation bestimmen, gründlich überprüfen müssen. Seien Sie dennoch guten Mutes – frei nach *Nietzsches* Motto: Wer sein Gewissen entsprechend schult, wird keine Bisse, sondern Küsse verspüren.

Regeln ohne Sinn

Selbstverständlich ist das, was das ÜBER-ICH lernt, höchst nützlich dazu, das ES in seiner Rücksichtslosigkeit im Zaum zu halten. Wäre dem nicht so, würde der Mensch schon früh in eine Katastrophe schlittern. Ihr Problem besteht jedoch darin, daß das ÜBER-ICH neben sehr nützlichen Regeln häufig auch Sinnloses übernimmt und damit vernünftiges Denken blockiert.

Einer meiner Freunde, mit dem ich kürzlich über einen gepflasterten Gehweg ging, lenkte meine Aufmerksamkeit auf ein gutes Beispiel für diese These: Mitten in unserem sachlichen Gespräch machte er mir plötzlich strenge Vorwürfe. Ob ich denn nicht wüßte, daß man nicht auf die Spalten zwischen den Steinen treten dürfe? Das war mir allerdings neu. Natürlich hatte auch ich dieses Spiel als Kind gespielt. Der »schwarze Mann« würde uns holen, wenn wir auf die Trennlinien traten. Für meinen Kollegen jedoch war aus diesem Spiel ein Muß geworden, das fest in seinem ÜBER-ICH verankert war. Für ihn war diese Regel in Fleisch und Blut übergegangen. Lieber machte er manchmal unnatürlich lange Schritte und dann wieder Trippelschrittchen, als einfach geradeaus auf sein Ziel zuzugehen. (Ich vermute, daß die gleiche Dominanz des ÜBER-ICHs auch sein Fortkommen im Beruf behinderte. Er stand unter dem Zwang aller möglichen unnützen Regeln dazu, was wie zu tun sei. Er hätte sich besser darauf konzentrieren sollen, wie man ein gewünschtes Ergebnis mit effektiver Arbeit erreicht.)

Die Schwierigkeit bei diesem Verhaltensmuster liegt darin, daß wir alle solchen Regeln erliegen. Lassen Sie sich zu einer praktischen Übung einladen, die diesen Gesichtspunkt veranschaulicht. Verbinden Sie die Punkte in den beiden Zeichnungen, ohne den Stift abzusetzen. Ziehen Sie bitte nur drei gerade Verbindungslinien in der ersten Zeichnung und nur vier in der zweiten.

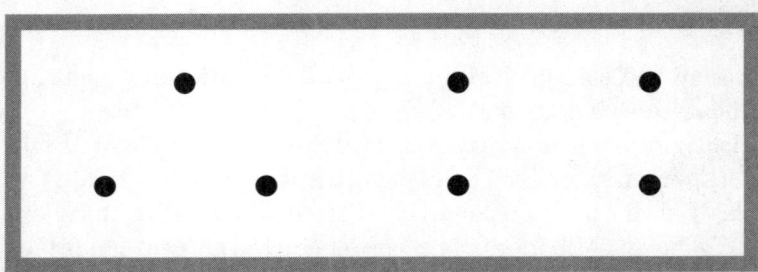

Abb. 9

Ohne große Schwierigkeiten werden Sie die Lösung finden. So sieht sie aus:

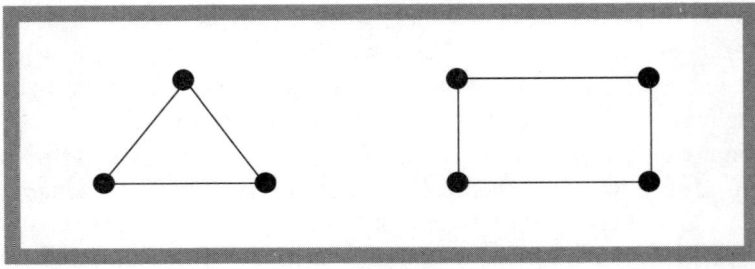

Abb. 10

Nun führen Sie bitte folgende Übung durch: Verbinden Sie alle Punkte in der untenstehenden Zeichnung, ohne den Stift abzusetzen. Auch hier dürfen Sie nicht mehr als vier gerade Verbindungslinien zeichnen.

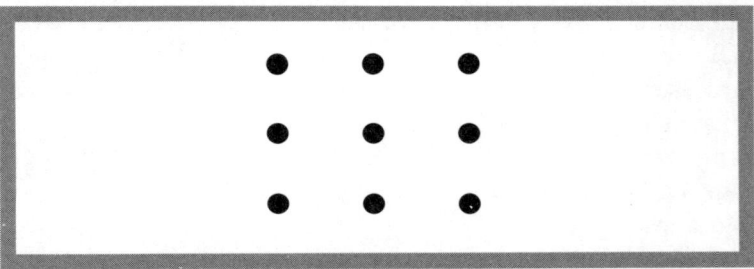

Abb. 11

Lassen Sie sich drei Minuten Zeit. Die Auflösung steht am Ende dieses Kapitels.
Richtig, Sie wurden manipuliert. Ich habe mit Ihrem ÜBER-ICH gemeinsame Sache gemacht, um Ihnen zu beweisen, daß dies für die meisten eine schwierige, wenn nicht unlösbare Aufgabe ist. Mit Intelligenz hat das nichts zu tun. Ich erlebe immer wieder, daß es intelligenten Menschen nicht gelingt, diese im Grunde genommen einfache Übung auszuführen. Ihr ÜBER-ICH hat sich die Regeln für die beiden ersten Übungen gemerkt und leitet daraus auch für die dritte Übung eine Gesetzmäßigkeit ab, die aber leider nicht existiert. In den An-

50

weisungen stand nirgends, daß es verboten sei, die Linien über den durch die Punkte vorgegebenen Rahmen hinaus zu ziehen. In den ersten beiden Übungen war das natürlich nicht nötig. Und so hat Ihr ÜBER-ICH diese unsinnige Regel für zukünftiges Verhalten selbst fabriziert – daß Sie »innerhalb der Punkte bleiben müssen«!

Dies mag vielleicht ein banales Beispiel mit wenig Bezug zur wirklichen Welt sein. Denken Sie jedoch noch einmal darüber nach! Wie oft haben Sie es schon erlebt, daß Manager ihren Handlungsrahmen einschränken, weil sie Angst davor haben, Regeln zu übertreten, Regeln, die es tatsächlich aber gar nicht gibt? Wie oft haben Sie sich schon gefragt: »Warum habe ich daran nicht gedacht?« Die Antwort liegt meistens in der Lektion, die wir aus dem obigen banalen, aber nicht zu unterschätzenden Beispiel gelernt haben: Ihr eigenes ÜBER-ICH hat Sie ausgetrickst!

Ihre eigenen Erfahrungen:

● Denken Sie an eine Situation, in der Sie eine Gelegenheit verpaßt haben, weil Sie nach der Devise, »innerhalb der Punkte bleiben zu müssen«, gehandelt haben?

Das Leben einer Führungskraft wird von vielen Regeln beherrscht. Sie sind integraler Bestandteil des Lernprozesses. Wie wir jedoch gesehen haben, ist das ÜBER-ICH nur allzu bereit, mehr daraus zu machen als nur eine Arbeitsmethode. Es strebt danach, sie zu allgemeingültigen Moralprinzipien zu erheben und zur alleinseligmachenden Verhaltensweise zu erklären.

Mit den nützlichen, funktionalen Regeln für das Erlernen von Techniken und Fertigkeiten kommen dann aber auch zwangsläufig die sinnlosen Regeln, die mit dem Erzielen von Ergebnissen wenig zu tun haben. Sie entstehen aus den eingebildeten Konstrukten, die das ÜBER-ICH so erfinderisch ausgestaltet, wenn es darum geht,»was wie sein sollte«. Je intensiver der Lernprozeß zur Erlangung technischer Fähigkeiten und Fertigkeiten ist, desto größer ist auch die Wahrscheinlichkeit, daß sich das Erlernen von Regeln im ÜBER-ICH fest verwurzelt. Das meint auch *Jürgen Habermas*, wenn er davon spricht, daß Technologie bewußtseinsbildend wirke. Darum denken Ärzte wie Ärzte und Finanzfachleute wie Finanzfachleute. Ihr ÜBER-ICH hat ganze Gedankengebäude, die sie während ihrer Ausbildung gebaut haben, verinnerlicht.

Wenn aber in einem Unternehmen ein Manager an der Spitze steht, der immer wieder und übermäßig auf der Einhaltung von Regeln besteht, kann das Ergebnis katastrophal sein. Dazu einige Beispiele:
Im ersten Fall geht es um ein kleines Unternehmen, das sich auf Organisationsentwicklung, Schulung und Beratung spezialisiert hat. Die Geschäfte gingen schlecht während der letzten beiden Jahre. Auf dem Markt herrschte starke Konkurrenz, und viele Unternehmen hatten aufgrund des Konjunktureinbruchs ihre Budgets für die Schulung von Mitarbeitern gekürzt. Das Unternehmen konnte sich nur durch staatlich subventionierte Seminare am Markt halten.
Paul, der Geschäftsführer, war ein recht intelligenter Mann. Er neigte jedoch zum Aufbrausen und duldete nichts, was von den »Regeln« abwich. Als er erkannte, daß das Unternehmen in ernsthaften Schwierigkeiten steckte, berief er eine Sitzung zur Ausarbeitung einer Notstrategie ein, die den Fortbestand des Unternehmens sichern sollte. Er eröffnete die Sitzung mit seinen Lösungsvorschlägen.

● Erstellen detaillierter Tätigkeitsbeschreibungen für alle Mitarbeiter (insgesamt lediglich zehn!),
● Einführung eines Beurteilungssystems,

- Erstellen eines neuen Aktenplans, weil er einen Überblick darüber haben wollte, wo was abgelegt wurde (seinen Mitarbeitern erschien allerdings schon das bestehende System als zu kompliziert),
- Erarbeitung genauer Meßgrößen zur Leistungsbeurteilung.

Ideen zur Erhöhung der Ertragskraft oder des Marktanteils aber erwähnte er nirgendwo.

Schließlich unterbrachen ihn einige der Diskutanten mit der Frage, warum er ihre Aktennotizen mit Ideen für neue Produkte und Dienstleistungen nicht beachtet habe. Paul erwiderte, er habe die Aktennotizen in den Papierkorb geworfen, da ihre Form nicht dem »Stil des Hauses« entsprochen habe.

Sechs Monate später hatten vier Mitarbeiter aufgrund des schlechten Arbeitsklimas und mangelnden Vertrauens in Pauls Führungsfähigkeiten das Unternehmen verlassen. Einer ging zu einem Konkurrenzunternehmen, das sich nach Umsetzung der von Paul abgelehnten Ideen prächtig entwickelte.

Paul aber ist bis heute mit der Strategieplanung für sein Unternehmen nicht fertig geworden, weil er immer noch an den Details feilt und sich nicht entscheiden kann. Das Unternehmen bietet nach wie vor die gleichen Schulungsprogramme an, trotz der Tatsache, daß dieser Bereich kaum noch Zukunft hat.

Ein anderes vorzügliches Beispiel für die Mentalität eines Verlierers ist Fraser, Abteilungsleiter in einer großen Lebensversicherung und Investmentfirma. Erst vor kurzer Zeit war eine Unternehmensberatung beauftragt worden, Möglichkeiten zur Erhöhung der Produktivität zu erarbeiten. Sämtliche Verwaltungsaufgaben waren bis dahin im Stammhaus des Unternehmens konzentriert. Die Sachbearbeiter hatten keinerlei direkten Kontakt mit den Kunden. Schon sehr früh stellten die Berater fest, daß die Arbeitsmoral in der Verwaltung nicht gerade gut war. Sie verabredeten mit Fraser einen Termin, um nach Lösungswegen aus dem Dilemma zu suchen.

Die Berater schlugen vor, eine Art »Uniformzwang« für die Mitarbeiter abzuschaffen. Das müsse nicht sein, da kein Publikumsverkehr herrsche. Fraser war sprachlos. Für ihn bedeutete dies einen »Mangel an Disziplin« und »Aufruf zur Anarchie«.

Der nächste Vorschlag der Berater brachte ihn noch mehr aus der Fassung: die Einführung flexibler Arbeitszeiten. Die Begründung der Berater war einleuchtend: Die meisten Mitarbeiter seien Frauen, die ihre Kinder in die Schule bringen müßten. Selbst als man erklärte, flexible Arbeitszeiten würden sich positiv auf die Produktivität auswirken, weigerte Fraser sich nachzugeben: »Jeder hat morgens um neun Uhr an seinem Arbeitsplatz zu sein. Das ist die Regel« war seine Antwort. »Wer nach neun Uhr kommt, ist schlichtweg faul und hat bei uns nichts zu suchen.«

Ein Jahr später – Fraser blieb bei den seinen Mitarbeitern auferlegten Restriktionen – hatte sich die Mitarbeiterfluktuation auf zwanzig Prozent erhöht. Die Produktivität jedoch war noch weiter zurückgegangen.

Wenn Managern eingeimpft wird, auf welche Art und Weise sie ihre Aufgaben zu erledigen haben, wächst der Einfluß des ÜBER-ICHs. Die schädlichen Einflüsse stammen schon aus der Ausbildung, während der Manager Bündeln von Imperativen ausgesetzt werden, die den Erfahrungen anderer entstammen. Ein Arzt ist daher nicht in erster Linie darum bemüht, seine Patienten zu heilen, sondern sie nach den Regeln zu heilen, die ihm während des Medizinstudiums beigebracht wurden. Die bewährten Methoden der »alternativen Medizin« gehören nicht dazu und dürfen deswegen auch nicht berücksichtigt werden. Ob sie wirkungsvoll sind oder nicht, spielt dabei keine Rolle.

In Großbritannien – und nicht nur dort – ist es üblich, sich über Buchhalter und Angehörige verwandter Berufe lustig zu machen. Sie gelten als Menschen, die bereit sind, die kreativen und spontanen Kräfte des ES zugunsten eines durch das ÜBER-ICH beherrschten passiven Konformismus aufzugeben. Dies mag eine ungerechte Verallgemeinerung sein, aber es war ein Buchhalter, der mir eines der besten Beispiele dafür lieferte, wie die Einflüsse aus der Berufsausbildung zu einem vom ÜBER-ICH beherrschten Verhalten nach sinnlosen Regeln führten.

Ich habe vor kurzem Präsentationsmaterial für eine Vorlesung vor Studenten der Betriebswirtschaft vorbereitet. Ich hatte eine Reihe von Overheadfolien zur Visualisierung der wichtigsten Punkte. Ich zeichnete meine Abbildungen mit verschiedenfarbigen Stiften mit der Hand und hatte dann die Schlüsselbegriffe in Großbuchstaben eingefügt. Ein Mensch mit Buchhaltermentalität sah mir dabei zu und konnte sich einen Kommentar nicht verkneifen: »Das ist aber nicht sehr professionell!« Ich bat ihn, mir das näher zu erklären. Er meinte: Präsentationsfolien müßten schwarzweiß sein. Sie sollten Text und keine Abbildungen enthalten – und Linien seien im übrigen kerzengerade zu ziehen. Ich erklärte, es sei erwiesen, daß sich Farbe, Abbildungen und Unregelmäßigkeiten viel wirksamer einprägen als gleichmäßige Zeilen schwarzen Textes auf weißem Grund. Mit meiner Methode erziele ich einen höheren Lernerfolg. »Mir gefallen schwarze, gerade ausgerichtete Zeilen auf weißem Grund trotzdem besser. Das macht einen professionelleren Eindruck«, war seine Entgegnung.

Die Begebenheit ist deshalb des Berichtens wert, weil sie uns zeigt, wie Menschen auf den Begriff »unprofessionell« als Rechtfertigung zur Kritik an anderen zurückgreifen. Wann immer dieses Wort ausgesprochen wird, steht eine sinnleere Regel dahinter, für die das ÜBER-ICH kein anderes Argument kennt.

Ihre eigenen Erfahrungen:

● Überlegen Sie, wann Sie zum letztenmal gehört haben, daß etwas als »unprofessionell« abgestempelt wurde. Was hat diese Kritik wirklich bedeutet?

Der siegreiche Manager und die Triade

Ich habe mich deswegen so lange mit der Funktionsweise der menschlichen Psyche beschäftigt, weil ich folgendes herausarbeiten will: Die sozialen Zwänge, die zwischen Ihnen und dem Sieg im Organisationsspiel stehen, sind künstlich und willkürlich angelegt. Auf der einen Seite werden Sie als Individuum von inneren Kräften mit dem Ziel der Beherrschung des eigenen Umfelds beeinflußt. Diese Kräfte wollen sich alle Bonbons aus dem herauspicken, was die Organisation bieten kann – bei minimaler Anstrengung und sofort. Auf der anderen Seite sind da die Menschen innerhalb der Organisation, die darauf aus sind, die eigenen Benimmregeln auch Ihnen zu oktroyieren. Leider haben sie dabei einen starken Verbündeten tief in Ihrer eigenen Psyche. Wie ich gezeigt habe, ist Ihr ÜBER-ICH nur allzu bereit, sich mit anderen dazu zu verschwören, Sie in Zwänge einzubinden und am Sieg im Organisationsspiel zu hindern.

Schauen Sie sich die Verlierer in Ihrem eigenen Umfeld an! Sie sind alle dadurch gekennzeichnet, daß sie Regeln akzeptieren, die ihnen von anderen auferlegt wurden. Sie tun nichts ohne Genehmigung. Was der heilige *Franz von Assisi* dazu zu sagen hatte, ist ihnen wohl unbekannt – der nämlich hob hervor, wieviel einfacher es doch sei, um Verzeihen zu bitten, als um Erlaubnis zu fragen. Manager, die siegen wollen, erzielen Ergebnisse und kümmern sich erst danach (wenn überhaupt!) um die entstandenen Schwierigkeiten.

Ausgerüstet mit diesem Wissen, wie die Triade Ihre ureigenen Interessen unterwandert, müssen Sie sich ein neues Bündel von Regeln für Ihr Dasein als Führungskraft zusammenstellen. Diese neuen Regeln basieren nicht auf dem fragwürdigen Regeldiktat, das dem ÜBER-ICH anderer entsprungen ist, sondern auf Ihren eigenen Bedürfnissen. Sie müssen Ihr ÜBER-ICH von der Knebelung durch die »Moral« anderer befreien. Sie müssen eine neue Führungsmoral entwickeln, in deren Mittelpunkt Ihre ureigensten Interessen stehen.

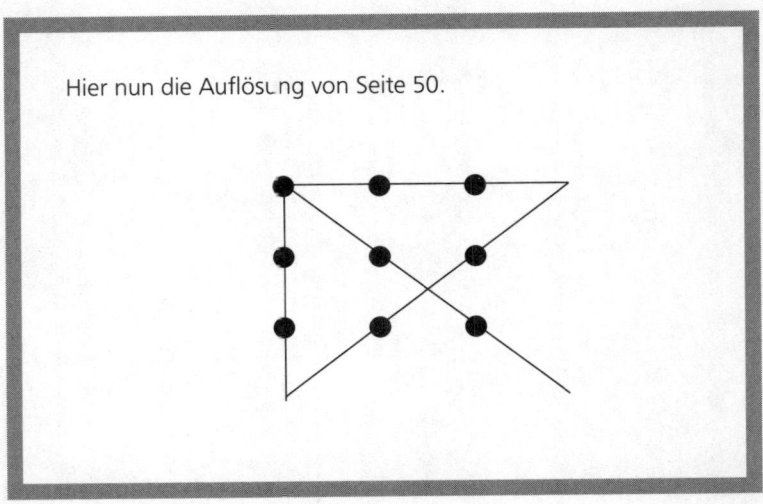

Hier nun die Auflösung von Seite 50.

Abb. 12

3 Feinde im Verbund

»Schottland scheint nach Helden der Arbeiterklasse zu verlangen, die in der Gosse beginnen, schnell in den Himmel steigen und genauso schnell, wenn nicht gar noch schneller, für den Rest ihres kurzen Lebens wieder in der Gosse landen. Dann werden Lieder gesungen, Spiele gespielt und Bücher in Auftrag gegeben ... es ist, als fühlten wir uns mit Versagern enger verbunden.« Diese Zitat stammt nicht etwa von einem Anhänger der *Thatcher*-Regierung, sondern von *Jimmy Reid*, dem ehemaligen Fürsprecher aller Unterdrückten. Mit diesen Zeilen beschrieb er treffend die Neigung vieler Schotten, sich am Niedergang der Erfolgreichen zu weiden. *Reids* Analyse ist leider nur zu wahr. Sie gilt jedoch nicht für Schottland alleine. Wer siegen will, muß schon reichlich naiv sein, wenn er erwartet, von anderen unterstützt zu werden. Wenn sich diese anderen aber zu Gruppen zusammenschließen, wird die Botschaft noch deutlicher.

Ihre Feinde verschwören sich

Andere Autoren wollen Sie zu netten kleinen Management-»Dienstboten« machen. Sie zeigen, wie Gruppen durch einen gewissenhaften Manager zum »allgemeinen Nutzen der Organisation« in Schach zu halten sind. – Ich will etwas anderes. Zunächst warne ich Sie vor der Macht von Gruppen, die Sie von Ihrem vorrangigen Ziel, als Sieger aus dem Organisationsspiel hervorzugehen, abbringen wollen. Gruppen konkurrieren um Ihre Loyalität und Ihre Seele. Doch statt sich ihnen anzuschließen, sollten Sie sich ihrer Macht bedienen, um so

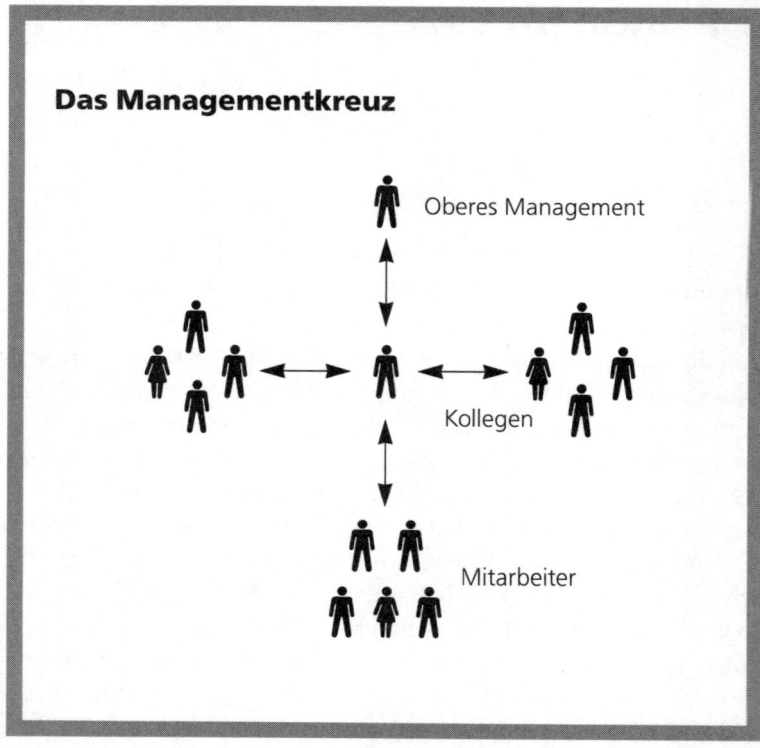

Das Managementkreuz

Oberes Management

Kollegen

Mitarbeiter

Abb. 13

Verhalten und Gedanken anderer zu beeinflussen. Sie werden sehen, wie Sie diese Macht zu Ihrem eigenen Nutzen einsetzen können. Dazu müssen Sie aber mehr über »Gruppendynamik« wissen.

Ein kurzer Blick auf das Managementkreuz zeigt Ihnen, daß Manager in Organisationen zu einer Reihe überlappender Gruppen gehören. Und jede einzelne Gruppe übt wiederum Einfluß auf das Verhalten ihrer Mitglieder aus.

Die Organisation selbst hat ebenfalls den Charakter einer Gruppe. Viele Mitglieder einer Organisation definieren sich durch ihre Zugehörigkeit zu einer Organisation. Die Aussage etwa »Ich arbeite für die britische Eisenbahn« sagt etwas

Die Organisation als Gruppe

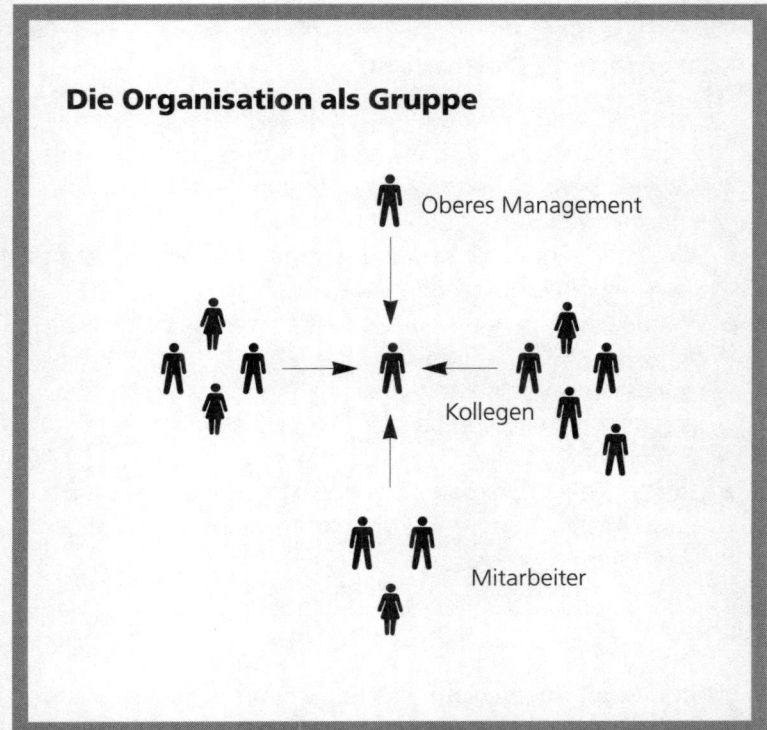

Oberes Management

Kollegen

Mitarbeiter

Abb. 14

Grundsätzliches über die Person aus, die dies sagt. Der Mitarbeiter ist durchdrungen von einer Unternehmenskultur, in der die Bereitstellung von Dienstleistungen für die Öffentlichkeit zu den Bedingungen des Bereitstellenden betont wird. Der Ausspruch sagt aber auch etwas Wesentliches über die Person selbst aus. Dieser Mensch gehört einem staatlichen Monopolbetrieb an. Kein Wunder also, daß Organisationen sich große Mühe geben, die innere Identifizierung mit dem Unternehmen durch Firmenlogos, Krawatten, Uniformen und andere Symbole zu fördern. Wie wir noch sehen werden, haben Gruppen eine sehr große Einflußkraft auf ihre Mitglieder und die Organisation.

Ihre eigenen Erfahrungen:

- Denken Sie an die Organisation, in der Sie arbeiten. Begreifen Sie sie lediglich als einen Ort, an dem Sie Ihren Lebensunterhalt verdienen, oder empfinden Sie eine innere Zugehörigkeit zu ihr?
- Wie schnell kommen Sie auf die Firma zu sprechen, wenn Sie von Ihrem Berufsleben berichten?
- Welche der folgenden Aussagen trifft am ehesten auf Sie zu?
  »Ich bin bei der britischen Eisenbahn.«
  »Ich bin Buchhalter bei der britischen Eisenbahn.«
  »Ich bin Buchhalter.«
- Haben Sie Vorstellungen, was Ihr Unternehmen dazu tut, damit Sie sich als Teil der Organisationsgruppe fühlen?

Wir sind damit aber noch nicht am Ende angelangt. An den einzelnen Balken des Organisationskreuzes werden sich andere Gruppen bilden, die um den Einfluß auf Ihre Seele miteinander konkurrieren. Die formale Struktur der Organisation wird bewußt zu einer Gruppe führen, die als »Management« bezeichnet wird. Diese Gruppe wird sich nach oben orientieren und das »Vorrecht der Führungskräfte« für sich in Anspruch nehmen. Die Bedürfnisse der Organisation werden dann von oben nach unten vermittelt.

Wer zu dieser Gruppe gehört, ist für alle erkenntlich und wird schon in den Unterstellungsverhältnissen deutlich. Der entsprechende Einfluß wird offen ausgeübt. Die formale Loyalität des einzelnen ergibt sich durch die Definition seiner Funktion innerhalb der Führungshierarchie. Die nach oben hin ausgerichtete Struktur der Organisation wird Ihnen verdeutlichen, »wer zu wem gehört« und welche Loyalität ent-

Die Managementgruppe

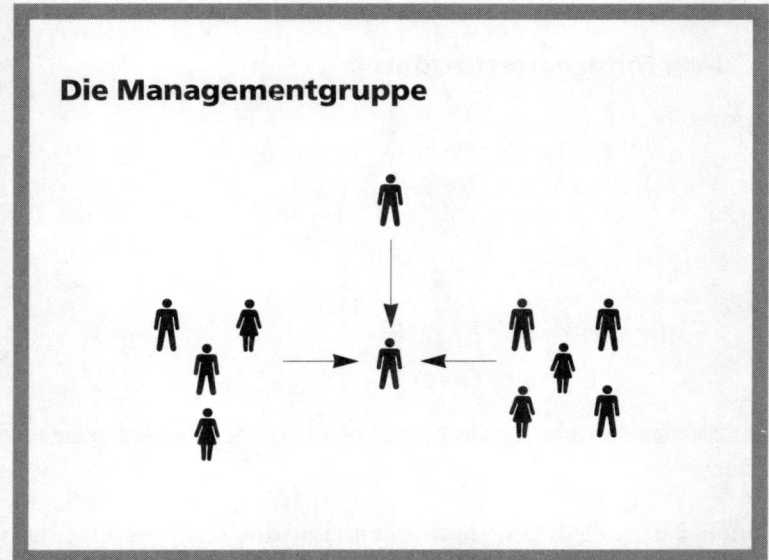

Abb. 15

sprechend erwartet wird. Wer sich nicht fügt, muß mit Sanktionen rechnen. Die Gruppen auf den übrigen Armen des Organisationskreuzes werden aber einen genauso mächtigen Einfluß nehmen, nur nicht so offen und gut erkennbar.
Manager in Organisationen sind auch Mitglied einer nach unten orientierten Gruppe. Sie besteht aus den ihnen unterstellten Mitarbeitern, aus denen sich ihr Team zusammensetzt. Die Notwendigkeit, Mitarbeiter zu führen, bringt Sie in direkten sozialen Kontakt mit ihnen.
Sie werden so in ein Beziehungsnetz mit den Mitarbeitern gezwungen, auf die Sie sich zur Erledigung Ihrer Aufgabe verlassen müssen. Sie brauchen ihre Unterstützung und Kooperationsbereitschaft, damit Sie Ihren Weg zum Sieg verfolgen können. Gleichzeitig wird der gruppendynamische Prozeß Ihr Verhalten und Ihr Denken beeinflussen.
Die Macht dieser Gruppe ist dreifacher Natur. Zunächst müssen Sie zu jedem Mitglied der Gruppe einen sozialen und

63

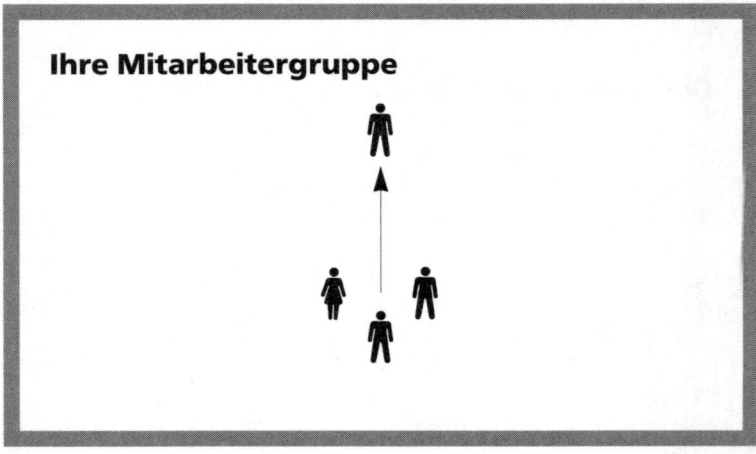

Abb. 16

einen Führungsbezug herstellen, um die Gruppe auf Ihre Ziele einzustimmen. Durch die sehr enge Zusammenarbeit kann aber auch die Gruppe beträchtlichen Druck auf Sie, Ihr Denken und Ihr Verhalten ausüben. Durch die Spezialisierung und entsprechende Arbeitsteilung in Organisationen

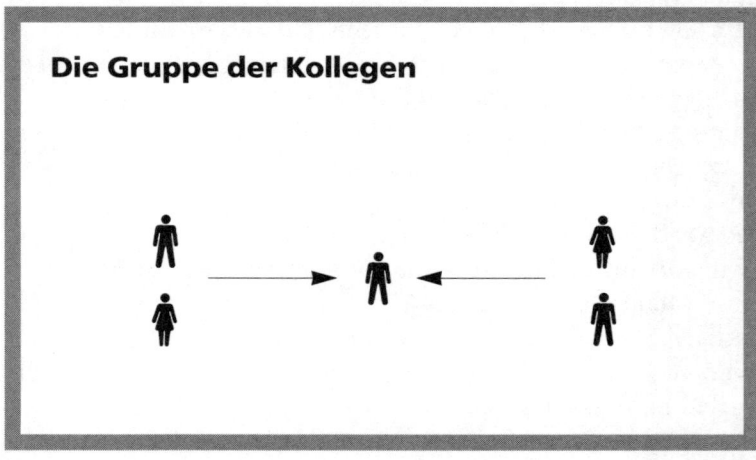

Abb. 17

kommt es außerdem sehr leicht dazu, daß Sie Gruppenvorurteile auch in Ihrem Verhältnis zu Inhabern anderer Funktionen durchscheinen lassen. Um es einfach auszudrücken: Ein Marketingmanager denkt ähnlich wie andere Marketingspezialisten seiner Abteilung. Ein Produktmanager denkt wie seine Ingenieurskollegen. Diese gemeinsamen Denkweisen machen den einzelnen in Gruppen extrem empfänglich für Gruppenzwang.

Ihre eigenen Erfahrungen:

● Haben Sie den Eindruck, daß Sie und Ihre Mitarbeiter die gleiche geistige Einstellung zur Arbeit haben – anders als in anderen Organisationsbereichen?

● Können Sie sich an Begebenheiten erinnern, bei denen Sie sich genauso wie Ihre Mitarbeiter über andere Abteilungen Ihrer Organisation abfällig geäußert haben?

Darüber hinaus müssen Sie auch noch den Druck berücksichtigen, der durch Gruppen auf dem horizontalen Balken des Organisationskreuzes auf die Mitglieder einer Organisation ausgeübt wird. Sie sind nicht nur in die formale Ordnung und die formalen Dienstwege eingebunden. Sie müssen nicht nur Menschen führen, mit denen Sie eine soziale Beziehung und ein Bündel »berufsbedingter« Auffassungen teilen. Sie sind darüber hinaus auch dem Druck einer »Gruppe von Kollegen« ausgesetzt. Diese Kollegen bekleiden im Organisationskreuz den gleichen Rang wie Sie.

Der Druck, den diese Kollegen ausüben, dürfte wohl der für Sie heimtückischste Gruppenzwang sein. Als Gruppe haben Ihre Kollegen bestimmte Verhaltensnormen, deren Einhaltung auch von Ihnen erwartet wird – auch wenn dadurch Ihre Aufstiegsambitionen untergraben werden.

Aus der obigen Beschreibung wird deutlich, daß das Manage-
mentkreuz alle Merkmale eines Folterinstruments in sich
birgt. Es gleicht einer Folterbank, auf der ein Mensch in ver-
schiedene Richtungen gezogen wird. Alle Gruppen auf den
Achsen des Kreuzes sind Ihre Feinde. Jede Gruppe versucht,
Sie in die jeweilige Definition ihrer Normen einzubinden und
Ihnen die entsprechenden Verhaltens- und Denkweisen aufzu-
zwingen.
Um diese Bedrohung zu wissen ist jedoch noch nicht genug.
Sie brauchen einen detaillierteren Einblick in den Einfluß von
Gruppen.

Menschen sind »Herdentiere«

Bei Betrachtung der genetischen und sozialen Entwicklung des
Menschen ist es sicherlich nicht überraschend, wenn wir feststellen, daß der Mensch ein »Herdentier« ist und nach Zugehörigkeit zu einer Gruppe strebt. Ein Außenseiterdasein ist
unerwünscht. Der Fortbestand des Menschen auf diesem Plane-
ten wurde nicht durch Streben nach Individualität, sondern
durch Streben nach Konformität gesichert. Der Drang nach
gruppenbezogenem Verhalten ist also ein angeborener Instinkt.

Wenn Ihnen der Gedanke, daß der moderne »Vernunftsmensch« auf dieses entwicklungsgeschichtlich deterministische Bild reduziert wird, nicht behagt, sollten Sie sich mit dem folgenden Überblick zur Stammesgeschichte des Menschen näher befassen. Unsere Ahnen aus der Urzeit waren Jäger. Dabei ging es wie bei Wölfen oder Hyänen um »fressen oder gefressen werden«. Als einzelner war der Jäger wenig effizient. Mit seiner gedrungenen Gestalt und geringen Geschwindigkeit zu Fuß war es wahrscheinlicher, daß er selbst zur Beute der Tiere wurde, die er jagte. Betrachten Sie im Gegensatz dazu den Erfolg der Menschen, die als »Herdentiere«, sprich in der Gruppe jagten. Diese Menschen verbanden ihre angeborenen Fähigkeiten mit denen anderer, um für Nahrung zu sorgen, Nahrung nicht nur für sich selbst und die eigene Familie, sondern für die Gruppe. Wessen Gene und wessen soziale Verhaltensmuster wurden wohl am ehesten an die nachfolgenden Generationen weitergegeben? In der Urgeschichte des Menschen war Gruppenverhalten also von äußerster Bedeutung für das Fortbestehen der Art. Darüber hinaus gewährleistete diese Fähigkeit den Fortbestand typischer Wesenszüge des Menschen. Und zu ihnen zählt das Abhängigkeitsverhalten.

Befassen Sie sich nun mit dem Zeitrahmen, in dem sich dieser Überlebensprozeß des »Menschen als Herdentier« und seiner Nachkommen abspielte. Die ältesten Humanoiden sollen vor ungefähr drei Millionen Jahren im Gebiet des heutigen Ostafrika gelebt haben. Diese arme Kreatur wird unglücklicherweise als *Homo erectus* bezeichnet. Ich möchte ihn jedoch kaum als einen unserer direkten Vorfahren ansehen. Lassen Sie mich daher in einer vorsichtigen Schätzung annehmen, daß es den Menschen seit einer Million Jahren gibt. Dieser Zeitraum ist wohl angemessener für die Geschichte unserer Art. Vor rund fünftausend Jahren begann der Übergang vom Nomadentum zur Seßhaftigkeit. Im Vergleich dazu kann der Industriemensch, wie wir die Gattung heute bezeichnen, auf eine Geschichte von lediglich zweihundertundfünfzig Jahren zurückblicken. Wie viele Generationen haben ihre Gene, ihre sozialen Erfahrungen oder eine Kombination aus beidem an ihre Nachfahren weitergegeben? Nach der Stammesgeschichte brauchten nur die letzten acht oder neun Menschengenerationen keine engen Gruppen zu bilden, um ihr Fortbestehen sichern zu können. Während der ersten *dreiunddreißigtausend* Generationen des Bestehens der Spezies Mensch war es dagegen überlebenswichtig, daß der einzelne seinen Willen dem der Gruppe unterordnete. Dasselbe galt für die nachfolgenden hundert Generationen von Hirten und Bauern. Niemanden, der sich sachlich mit unserer Geschichte auseinandersetzt, wird es also ernsthaft überraschen, daß wir ein verinnerlichtes und ererbtes Bedürfnis nach Gruppenzugehörigkeit haben.

Das alles scheint für das Verhalten der Menschen im modernen Leben einer Führungskraft keine Bedeutung zu haben. Es ist jedoch naheliegend anzunehmen, daß die von unseren Ur-Ur-Ur-Ahnen überkommenen Regeln und Gesetzmäßigkeiten auch unser heutiges Verhalten beherrschen. In modernen Organisationen ist der Einfluß der Gruppe auf den einzelnen genauso stark wie bei unseren Ahnen in grauer Vorzeit. Der Prozeß ist meistens unbewußt – wie die meisten Prozesse, die das menschliche Verhalten bestimmen. Gruppen haben jedoch immer noch die Macht, allen, die dazugehören wollen, auch ihre Verhaltensnormen aufzuerlegen. Und auf diese Normen reagiert der einzelne noch genauso empfindlich wie seine Vorfahren aus der Urzeit.

J. A. C. Brown schildert einen Fall, wie eine Gruppe auf Konformität in der Kleiderordnung drängte (was wir heute als nebensächlich abtun würden). Ein amerikanischer Arbeiter erscheint mit Hut an seinem Arbeitsplatz, einer Drehbank. Im Amerika der fünfziger Jahre waren solche Hüte – entsprechend der Melone des britischen Bankers – allein dem Management vorbehalten. Nach Meinung seiner Kollegen demonstrierte dieser Mann damit eindeutig Ambitionen auf Zugehörigkeit zu einer höherstehenden Gruppe. Sie meinten, er wolle nicht zu den »Innenseitern«, sondern zu den verachteten »Außenseitern« gehören. Nach den Regeln der Gruppendynamik mußte er daher wieder auf Vordermann gebracht werden. Bei seinem ersten Erscheinen mit Hut blieb es noch bei harmlosen Hänseleien. Am zweiten Tag, als der Mann wieder mit dem gruppenfremden Symbol erschien, wurden die Scherze schon grober und verletzender. Am dritten Tag war sein Pausenbrot verschwunden. Da endlich hatte er begriffen: Am vierten Tag kam er ohne Hut.

Ihre eigenen Erfahrungen:

● Wollten Sie jemals etwas tun, das von Ihren Kollegen als »nicht für unsereins« betrachtet wurde?

● Wie würde wohl jemand bestraft werden, der sich nicht an das hält, was als »normal und richtig« gilt?

Ein siegeswilliger Manager muß also unbedingt den Einfluß von Gruppen auf Verhaltensweisen begreifen. Gruppen und ihre Dynamik können genauso zu Verbündeten wie zu Todfeinden werden. Sie müssen daher nicht nur in der Lage sein, deren Potential für Ihre eigenen Zwecke einzusetzen, sondern auch als das zu erkennen, was es ist, wenn es um Ihr eigenes Verhalten in der Organisation geht. Es ist ein Echo aus grauer Vorzeit, das Sie aber nicht von Ihrem Streben nach Sieg im Organisationsspiel abhalten sollte.

Die eigene Gruppe und die fremde Gruppe

Zu den hervorstechenden Merkmalen kollektiven Verhaltens gehört die Tatsache, daß die Mitglieder einer Gruppe immer versuchen werden, diese (und die dazugehörigen Mitglieder) in ein positives Licht zu stellen. Aufgrund der Gruppenzugehörigkeit sieht der einzelne Ereignisse durch eine andere

Brille. *A. H. Hastorf* und *H. Cantril* gingen diesem Phänomen nach: Sie hatten zwei amerikanische Studentengruppen eingeladen – die eine aus Princeton, die andere aus Dartmouth –, gemeinsam eine Aufzeichnung eines besonders foulreichen Footballspiels zwischen den Mannschaften der beiden Universitäten anzuschauen. Beide Gruppen wurden gebeten, die schlimmsten Fouls beider Mannschaften aufzuschreiben. Beide Gruppen sahen dieselbe Aufzeichnung – aber jede Gruppe nahm die Ereignisse anders wahr:

	Fouls der Princeton-Mannschaft	Fouls der Dartmouth-Mannschaft
Dartmouth-Studenten	4.4	4.3
Princeton-Studenten	4.2	9.8

Abb. 18

Objektiv hatte nur ein Spiel stattgefunden. Nach Wahrnehmung der beiden Studentengruppen aber hätten es zwei verschiedene Spiele sein müssen. Die Wirklichkeit hatte sich verzerrt. Beide Gruppen sahen die Mannschaft, der sie sich zugehörig fühlten, in einem günstigeren Licht.

Wenn Sie sich Ihre eigene Organisation anschauen, werden Sie einen ähnlichen Prozeß feststellen. Einige Manager werden immer einen Grund finden, sich hinter ihre Kollegen zu stellen, auch wenn sie im Unrecht waren. Vielleicht haben auch Sie schon einmal so gehandelt.

Das Gegenstück zu dieser positiven Orientierung der Mitglieder im Bezug zur eigenen Gruppe ist eine negative Orientierung im Bezug zu Fremdgruppen. In dem von *Hastorf* und *Cantril* durchgeführten Experiment wurde die Wahrnehmung beider Studentengruppen durch parteiische Loyalität für die eigene Gruppe und Abneigung gegen die Fremdgruppe verfärbt. Dieser Tendenz wollte ich selbst auch auf den Grund gehen. Ich beobachtete das Verhalten schottischer und norwegischer Studenten während eines Fußballländerspiels zwischen England und Deutschland. Anders als *Hastorf* und *Cantril* wollte ich das Verhalten der Zuschauer im allgemeinen beobachten. Es kam jedoch das gleiche dabei heraus. Auf der einen Seite waren die »neutralen« Studenten aus Norwegen, die sich das Spiel mit sachlichem Interesse an den Fähigkeiten und Taktiken beider Mannschaften ansahen. Eine knappe Mehrheit der Norweger war für die englische Mannschaft – zum Teil aufgrund der noch nicht vergessenen Besetzung Norwegens durch die Deutschen im Zweiten Weltkrieg und zum Teil deshalb, weil sie jahrelang in England studiert hatten und daher der Mannschaft ihrer zweiten Heimat die Daumen drückten.

Die Schottengruppe dagegen verhielt sich auffallend anders: Sie bejubelte jeden gewinnversprechenden Spielzug der deutschen Mannschaft, selbst dann, wenn er gegen die Regeln verstieß. Umgekehrt wurde jeder Spielzug der Fremdgruppe, des »alten Feindes« England, heftig ausgepfiffen. Zur großen Verlegenheit der wenigen anwesenden deutschen Studenten wurde jedes für Deutschland erzielte Tor und jeder Freistoß der deutschen Mannschaft von den Schotten mit »*Deutschland über alles*« oder »*Sieg Heil*« mitsamt *Führergruß* quittiert.

Die Tendenz, daß Gruppen eine andere, »feindliche« Gruppe brauchen, um die Loyalität ihrer Mitglieder zu verstärken, wurde in den von *G. M. Gilbert* durchgeführten Experimenten besonders deutlich: Er forderte die Teilnehmer auf, bestimmte Charaktereigenschaften bestimmten Völkern zuzuordnen, und fand heraus, daß sie in ihren Urteilen außerordentlich konsequent waren. »Piräer«, »Darianer« und »Wallonier« wurden ausnahmslos mit negativen Eigenschaften belegt – dabei gibt

71

es diese Völker gar nicht. Sie konnten daher auch nicht zum Erfahrungsschatz der Probanden gehören.

Für den siegeswilligen Manager ist die Botschaft klar. Die Gruppen, in die Sie auf dem Managementspielfeld hineingezogen werden, machen ihren unbändigen Einfluß geltend, um sich positiv von den Fremdgruppen abzuheben. Seien Sie darauf vorbereitet, diesen Siegeswillen zum eigenen Vorteil umzumünzen. Allein die Drohung, daß eine andere Gruppe einen Vorteil über die eigene Gruppe gewinnen könnte, wird Sie wieder in Ihrem Sinne auf Vordermann bringen. Die wahrgenommenen negativen Merkmale von Fremdgruppen können also dazu verwendet werden, genau die Kräfte zu tarnen, die zur Bedrohung für den siegreichen Manager werden könnten.

In seinem ausgezeichneten Buch *On the Psychology of Military Incompetence* andererseits zeigt *Norman Dixon*, daß die Tendenz von Gruppen, die Mitglieder anderer Gruppen mit einem negativen Etikett zu versehen, durch die gesamte Geschichte hindurch militärische Verlierer hervorgebracht hat, weil sie Willen, Entschlossenheit und Fähigkeiten ihrer Feinde unterschätzt hatten. Auch *James Quinn* warnt Unternehmensstrategen vor der gruppendynamisch verursachten Neigung, die Gegenseite zu unterschätzen.

Ihre eigenen Erfahrungen:

- Seien Sie ehrlich! Kennen Sie eine Gruppe in Ihrer Organisation, die Sie gerne »am Boden zerstört« sähen?
- Können Sie sich an eine Begebenheit erinnern, bei der eben diese Gruppe ungerechtfertigt behandelt wurde, Sie aber trotzdem Genugtuung darüber verspürten?
- Können Sie sich an eine Gelegenheit erinnern, in der Sie zugeben mußten, daß ein Mitglied jener Gruppe Ihren Vorurteilen zum Trotz »ordentliche Arbeit« geleistet hatte?

Unbewußt bleibende Gruppeneinflüsse

Jede Gruppe in der Organisation wird versuchen, Ihre Loyalität zu erlangen. Dies aber kann ohne Ihr Wissen und ohne Ihre bewußte Einwilligung geschehen. Die meisten Verlierer lehnen deshalb auch die Vorstellung eines Gruppeneinflusses auf einzelne Personen ab. Sie glauben statt dessen, daß Menschen bewußt und vernünftig handeln.

Eine noch gefährlichere Version dieser Täuschung liegt vor, wenn Sie sich selbst als »geborenen« Sieger sehen. Geringere Sterbliche mögen für unbewußte Einflüsse auf ihr Verhalten empfänglich sein. Sie aber, als der siegreiche Typus, können über all dem stehen. Alle Menschen unterliegen jedoch den Gesetzen des Gruppenzwangs. Es bedarf einer außerordentlichen Willensanstrengung, dem zu widerstehen. Sie sollten sich dieser Gefahr bewußt sein und sie sehr ernst nehmen.

Eine Siegeschance im Organisationsspiel haben Sie nur, wenn Sie ein handfestes Verständnis der Macht und der Hinterhältigkeit der gegen Sie spielenden Kräfte entwickeln.

Sehen wir uns zunächst die Ergebnisse eines klassischen Versuchs an, wie Gruppenmacht zu gruppenkonformem Verhalten führen kann. Durchgeführt wurde der Versuch von *Muzafer Sherif*. Zwei Gruppen von jeweils zwei oder drei Personen wurden zur Teilnahme an einem Test eingeladen. Üblicherweise sollen die Versuchspersonen in einem abgedunkelten Raum die Bewegung eines einzelnen Punktes auf einem Bildschirm nachzeichnen. Dieser Test wird standardmäßig zum Austesten der Reaktionsfähigkeit eingesetzt, unter anderem bei Flugzeugpiloten. In *Sherifs* Test wurden die Teilnehmer gebeten, die jeweilige Bewegungsrichtung des Punktes laut zu nennen.

Einzeln getestet, sehen einige Probanden eine Vielzahl von Bewegungen in die eine oder andere Richtung. Andere sehen, abhängig unter anderem von der Reaktion der Augenmuskeln, keine oder nur geringfügige Bewegungen. In *Sherifs* Versuch erkannten die Gruppenmitglieder sehr schnell jeweils gleiche Bewegungsabläufe. Nach nur wenigen Durchgängen hatte die Gruppe ein Gruppenschema für die Bewegungen auf dem Bildschirm entwickelt.

Was die Teilnehmer allerdings nicht wußten, war, daß gar keine Bewegung stattfand. Der Punkt auf dem Bildschirm rührte sich nicht von seinem Platz. Durch Eigenbewegung der Augen aber scheint sich der im Dunkelraum fixierte Lichtpunkt beim Betrachten zu bewegen. Dies ist der »autokinetische Effekt«. (Aufgrund dieses Testes konnte ich bei den Streitkräften nicht Hubschrauberpilot werden. Vor meinen Augen vollführte der Punkt einen wilden Zickzackkurs, als ich versuchte, den in Wirklichkeit nicht existierenden Bewegungsverlauf zu folgen.) *Sherif* stellte durch diesen einfachen, aber sehr wirkungsvollen Test fest, daß die Mitglieder einer Gruppe durch den Gruppeneinfluß eine gleiche Version der Ereignisse sehen – auch wenn sich diese Ereignisse nur scheinbar vollziehen.

Die Testpersonen mußten nun in einen weiteren Einzelversuch. Sie wußten nicht, daß sie dem »autokinetischen Effekt« erlegen und durch die Gruppe beeinflußt waren. Auch beim Einzeltest aber beschrieben sie den Bewegungsverlauf des Punktes genauso wie vorher in der Gruppe. Die Wahrnehmung blieb aufgrund der Gruppennorm verzerrt.

Wie wir später noch feststellen werden, belegen Ergebnisse aus vielen Versuchen, daß sich die Macht der Gruppe über ihre Mitglieder häufig so auswirkt. Wie Sie Ereignisse wahrnehmen, wird durch die Wahrnehmung der Gruppe beeinflußt, ob Sie es nun wollen oder nicht. Sie sind nun einmal nicht so unabhängig und rational, wie Sie zu sein glauben.

Ihre eigenen Erfahrungen:

● Können Sie sich an eine Begebenheit erinnern, bei der Sie die Firma oder auch die Abteilung gewechselt haben und plötzlich alles »in einem anderen Licht« sahen?

Aktivierung und Hemmung

Natürlich kann die Zugehörigkeit zu einer Gruppe auch höchst positive Folgen haben. Wir sprechen von »Teamgeist« und »Wir sitzen alle in einem Boot«. Die bloße Anwesenheit anderer, die mit uns an den gleichen Aufgaben arbeiten, kann zu einer Leistungs- und Ergebnissteigerung führen. Ich kann mich noch gut daran erinnern, wie *Dr. Roger Bannister* eine große psychologische Hürde überwand, als er die Meile in unter vier Minuten lief, eine Leistung, die bis dahin nicht für möglich gehalten wurde. Möglich wurde sie jedoch nicht nur durch ihn allein. Bei seinem Training im Iffley-Road-Stadion in Oxford lief *Christopher Chattaway* als Schrittmacher mit ihm, und der spornte den Rekordbrecher zu noch größeren Leistungen an. Dieses Phänomen der »sozialen Aktivierung«, aus der sich eine Leistungssteigerung ergibt, scheint eine gruppenimmanente Eigenschaft zu sein, die sich bei vielen Arten beobachten läßt.

F. H. Allport führte mehrere Versuche durch, die verdeutlichten, wie dieser Prozeß der sozialen Aktivierung die Leistung des Menschen beeinflußt. Studenten, die sämtliche Vokale aus einem Textabschnitt herausstreichen sollten, schnitten bedeutend besser ab, wenn sie diese Übung in Gemeinschaft mit anderen absolvierten. Darüber hinaus wies er nach, daß dieser Prozeß in Kombination mit einem weiteren gruppendynamischen Merkmal – die Idee eines Gruppenmitglieds regt die anderen zu weiteren Einfällen an – auch die Leistung in den Gruppen steigern konnte, die »schlechte Ideen« produzieren sollten.

Harry F. Harlow fand heraus, daß Ratten in der Gruppe mehr Nahrung aufnehmen. Mit Kampf ums Futter habe dies nichts zu tun. Die höhere Nahrungsaufnahme sei lediglich auf die Anwesenheit weiterer Ratten, die mit der gleichen Tätigkeit beschäftigt waren, zurückzuführen. *S. C. Chen* stellte fest, daß Ameisen in der Gruppe schneller an ihrem Bau arbeiten als alleine. Und *E. Ramussen* beobachtete an Ratten, daß die Tiere aufgrund sozialer Aktivierung in Anwesenheit anderer Ratten mehr tranken. Auch wenn sie beim Wassertrinken Elektroschocks aushalten mußten, führte die soziale Aktivierung zu größerer Wasseraufnahme. (Jeder Gast in einem englischen Pub wird wissen, daß ein Glas Bier, in Gesellschaft getrunken, nie so lange vorhält, wie wenn man es alleine trinken muß. Deswegen freuen sich die Wirte auch immer, wenn Runden geschmissen werden!)

Ihre eigenen Erfahrungen:

● Können Sie sich an eine Situation erinnern, in der eine schwierige Aufgaben plötzlich leichter zu bewältigen war, weil andere in Ihrer Umgebung an der gleichen Aufgabe saßen?

Alle diese Beispiele sollen Ihnen veranschaulichen, wieviel Macht Gruppen über ihre Mitglieder ausüben. Umgekehrt: Vor den richtigen Wagen gespannt, können Gruppen zu einer äußerst wirksamen Waffe auf Ihrem Wege zum Sieg werden. Wenn Sie lernen, die Macht der Gruppen selbst zu steuern, werden Sie mit ihr effektiver arbeiten können als alleine. Diejenigen unter Ihnen, die sich vor der Macht der Mitarbeitergruppe fürchten, kann ich daher beruhigen: Wenn Ihre Ziele feststehen, können Ihnen Gruppen besser zur Verwirklichung Ihrer Ziele verhelfen als Einzelkämpfer.

Das Gegenteil der Aktivierung durch Gruppen ist die Hemmung durch Gruppen. Unter bestimmten Umständen wirkt die Anwesenheit anderer eher bremsend als förderlich. *B. Latané* und *J. Darley* führten ein Experiment durch, in dem dies deutlich belegt wurde: Sie luden junge Studenten zu einem Wahrnehmungstest ein. Sie baten sie, sich alleine oder paarweise im Versuchsraum einzufinden. Dort wurden sie von einer jungen Assistentin empfangen, die sie aufforderte zu warten, während sie nebenan die Versuchsunterlagen holen wollte. Die Studenten hörten, wie sie in den angrenzenden Raum ging und eine Leiter anlehnte. Dann hörten sie einen Fall und das klägliche Jammern der jungen Frau:»O Gott, mein Fuß! Ich kann mich nicht bewegen.« Danach Stille. Als ihr nach zwei Minuten niemand zu Hilfe gekommen war, hörten die Versuchspersonen die Assistentin hinkend und humpelnd den Korridor entlanggehen.

Das Experiment hatte natürlich nichts mit Wahrnehmungsfähigkeit zu tun. *Latané* und *Darley* wollten testen, wie die Testpersonen alleine oder im Beisein eines anderen reagierten. Die Ergebnisse sind für alle, die sich mit der Wirkung von Gruppen auf menschliches Verhalten beschäftigen, hochinteressant. Wenn die Studenten alleine waren, betrug die kürzeste Reaktionszeit, bis sie der Assistentin zu Hilfe kamen, etwa zehn Sekunden. Sechzig Prozent der alleine Erschienenen brauchten höchstens dreißig Sekunden, bis sie nach dem Rechten sahen. Bei Ende des Versuchs hatten sich insgesamt siebzig Prozent in den nächsten Raum gewagt, um zu helfen.

Wenn zwei Studenten zusammen warteten, vergingen jedoch schon *zwanzig* Sekunden, bis sich das erste Paar aufmachte, um Hilfe zu leisten. Im Laufe der Testreihe schauten immer weniger Studenten nach dem Rechten. Im Gesamtergebnis hatten sich nur vierzig Prozent der teilnehmenden Paare in Bewegung gesetzt, ehe die junge Assistentin davonhumpelte. Die restlichen sechzig Prozent begnügten sich damit, zu warten und sich gegenseitig anzuschauen. Jeder war durch die Anwesenheit des anderen gehemmt.

Sie können aus diesem einfachen Versuch viel über Gruppenpsychologie lernen. Wenn Ziele festgelegt sind, vermögen Gruppen mehr zu leisten als einzelne. Wenn eine Gruppe aber mit etwas Unerwartetem konfrontiert wird, für das es noch keine Gruppenverhaltensnorm gibt, wirkt die Anwesenheit anderer als Bremse. Die Mehrzahl der alleine anwesenden Studenten hat ganz normal menschlich reagiert und ist der

Assistentin zu Hilfe gekommen. Bei Anwesenheit eines anderen aber brauchten die einzelnen die Zustimmung der Gruppe, ehe sie handeln konnten. Diese Zustimmung aber war bei der Mehrzahl auch nach zwei Minuten noch nicht zustande gekommen. Gruppen brauchen nun einmal einen Katalysator zum Handeln. Sonst machen sich Trägheit und Handlungsunfähigkeit breit. Sie sollten daher sicherstellten, daß Sie den Hohlraum ausfüllen, der durch eine entscheidungsunfähige Gruppe entstanden ist. Dann können Sie die Gruppe in Richtung Ihrer eigenen Planung lenken.

Ihre eigenen Erfahrungen:

● Haben Sie jemals eine Gruppe herumstehen sehen, die darauf wartete, daß jemand die Führung übernahm? Haben Sie bemerkt, wie danach Bewegung in sie kam?

Gruppenzwang und -einstellung

Als wir das autokinetische Phänomen betrachteten, sahen wir, wie Gruppen die Wahrnehmung der Umwelt beeinflussen können. Um die schädliche Wirkung von Gruppen auf das Verhalten einzelner zu unterstreichen, wollen wir uns nun einige Versuche dazu ansehen, wie sich Gruppenzwang auswirken kann. Die berühmteste Testreihe hierzu wurde von *Solomon Asch* durchgeführt. Er lud mehrere Gruppen von jeweils sechs bis acht amerikanischen Collegestudenten zur Teilnahme an einem Wahrnehmungstest ein. Jetzt wird der clevere Leser den Braten schon riechen. Die Versuche waren aber keineswegs das, was sie zu sein vorgaben. Vorgeblich sollten die einzelnen Gruppen eine vertikal verlaufende Linie auf einer Karte anschauen und dann aus drei Linien auf einer zweiten Karte die Linie herausfinden, die in der Länge mit der Linie auf der ersten Karte übereinstimmte. Dies war natürlich eine äußerst einfache Aufgaben. Die Chance, sich zu irren, lag bei unter einem Prozent.

Die erste Runde des Versuches begann in entspannter Atmosphäre. Die Teilnehmer wurden abwechselnd gebeten, jeweils die Nummer der Linie zu nennen, die mit der auf der ersten Karte übereinstimmte. Der Versuch war so einfach, daß es keine Unstimmigkeiten gab. Die zweite Runde verlief auf gleiche Art und Weise. Die Teilnehmer richteten sich auf eine weitere, langweilige Runde ein.

In der dritten Runde kam es zu einer unerwarteten Störung. Ein Student widersprach der Entscheidung der anderen. Er schien verwirrt. In der nächsten Runde war er wieder der Außenseiter mit seiner Entscheidung. Er wurde immer unruhiger und zögerte immer mehr, seine Meinung auszusprechen, denn auch in den nächsten Runden war er der einzige mit einer abweichenden Meinung.

Was der gequälte Student nicht wußte, war, daß er der einzige war, der sich auf sein eigenes Wahrnehmungsvermögen verließ. Er war der einzige Nichteingeweihte, der »Schwarze Peter«. Die anderen Teilnehmer waren dazu verpflichtet worden, falsche Antworten zu geben, um so feststellen zu können, wie sich Gruppenzwang auswirken würde. Die Ergebnisse waren hochinteressant. Mit dieser einfachen Methode gelang es *Asch*, seine jeweiligen »Schwarzen Peter« so zu beeinflussen, daß die Nichteingeweihten zu dreiundsiebzig Prozent die falschen Antworten der Gruppe übernahmen – und das bei einem Test, bei dem unter echten Bedingungen Fehler nahezu unmöglich sind.

In einigen Versuchen untersuchte *Asch* die Stärke des Gruppenzwangs, indem er dem »Schwarzen Peter« einen Verbündeten zu Seite stellte, der sich ebenfalls für die richtige Lösung aussprach. Die Zahl der Irrtümer des Testopfers wurden zwar geringer, aber nach wie vor bestand bei ihm eine deutliche Tendenz, sich der von der Gruppe vorgeschlagenen Lösung anzuschließen.

Nach den Versuchen befragte *Asch* die Konformisten. Er wollte feststellen, warum sie sich dem Gruppenzwang gebeugt hatten. Ihre Erklärungen lassen sich in drei Kategorien einteilen: Manche gaben zu, bewußt die falschen Antworten gegeben zu haben, weil sie sich nicht von der Gruppe abheben wollten. Hier haben wir ein ganz gefährliches Verlierermerkmal, wenn die Übereinstimmung mit der Gruppe selbst in einer so trivialen Sache höher eingeschätzt wird. Eine andere Gruppe erklärte, sie seien sich der richtigen Antwort nicht sicher gewesen. Also schlossen sie sich der Mehrheit an. In einem Versuch, in dem kaum Schwierigkeiten auftauchen, wenn er ohne den Einfluß der Gruppe durchgeführt wird, ließen sich diese Personen dazu verleiten, an ihrer eigenen Urteilsfähigkeit zu zweifeln. Die dritte Kategorie wiederum veranschaulichte die tatsächlich heimtückische Macht von Gruppen über ihre Mitglieder. Diese Personen glaubten wirklich, genau das gesagt zu haben, was sie auch gesehen hatten. Sie waren dem Bann der Gruppe erlegen, so daß sich ihre Wahrnehmung verzerrte. In dieser trotz allem sehr milden Verdeutlichung des Zwangs einer einheitlichen Gruppenmeinung ließen sie sich dazu verleiten, das zu sehen, was die Gruppe zu sehen behauptete.

Ihre eigenen Erfahrungen:

● Denken Sie an eine Begebenheit zurück, als Sie als einziger in einer Gruppe eine andere Meinung hatten. Wie haben Sie sich gefühlt?

● Haben Sie es jemals erlebt, daß sich ein Mensch dem Gruppenzwang beugte, obwohl es klar war, daß die Gruppe völlig falsch lag?

Die Vorstellung, daß sich ein Mensch einer Gehirnwäsche unterziehen läßt und die kollektive Verdrehung objektiver Ereignisse durch die Gruppe akzeptiert, ist für uns mit unserem

Glauben an die menschliche Vernunft nur schwer zu begreifen. *Aschs* Konformisten müssen nicht unbedingt die Wahrheit gesagt haben, als sie angaben, warum sie sich der Meinung der Gruppe anschlossen. (Sicherlich waren es Personen von geringer Intelligenz und Moral.) Um diese Zweifel zu beseitigen, führte ich den *Asch*-Versuch selbst durch, allerdings nicht mit unreifen Jugendlichen aus der Population amerikanischer Collegestudenten, sondern mit Offizieren der britischen Armee. Mein »Schwarzer Peter« war Major mit einem guten Universitätsabschluß und einer Tapferkeitsmedaille. Er war beruflich noch für Höheres ausersehen. Die Komplizen bestanden aus einer Gruppe gleichrangiger Offiziere. In meinem Versuch wurden die Komplizen gebeten, mit strafenden Bemerkungen einzugreifen, wenn der »Schwarze Peter« von den Antworten der Gruppe abwich. Außerdem mußte der »Schwarze Peter« seine Antwort notieren, ehe die Gruppe ihr Urteil aussprach. So war später nachzuvollziehen, was er tatsächlich sah und was er als gesehen aussagte. Der Versuch wurde auf Video aufgenommen.

Das Ergebnis kostete mich fast eine Freundschaft. Ich mußte eine Flasche Champagner spendieren, um mich mit meinem »Schwarzen Peter« zu versöhnen. Er war nämlich schon nach wenigen Versuchsrunden auf den Konformistenkurs eingeschwenkt. Am Anfang stellte er sich noch gegen die Gruppe. Nach einem Sturm von Beschimpfungen und Angriffen schrieb er zwar seine Antwort auf, schloß sich aber öffentlich der Version der Gruppe an. Es dauerte jedoch nicht lange, bis er schon im vorhinein die verdrehte »Gruppenlösung« notierte. Diese wie für den Sieg gemachte Führungsnatur hatte sich in ihren Wahrnehmungen dem Gruppenzwang untergeordnet. Er wollte mit ihr konform gehen.

Die Videoaufnahmen erwiesen sich als sehr aufschlußreich. Es war offensichtlich, daß der arme »Schwarze Peter« unter extremem Druck stand. Er wand sich auf seinem Stuhl. Er fuhr sich durch die Haare. Er hielt sich sogar die Ohren zu, so als wolle er den Einfluß der Gruppe ausschalten, aber ohne Erfolg. Am Ende paßte er sich der Wahrnehmung der Gruppe an – und das in einer so trivialen Sache wie der Länge von Linien auf einer Karte. Einen letzten Zweifel zu den Auswirkungen des Gruppenzwangs gilt es noch zu erhellen. *Aschs* Versuche beschäftigten sich nur mit Meinungsverschiedenheiten zur Länge einer Linie. Sie sagten aber nichts über den Einfluß der Gruppe auf Fundamentaleres, zum Beispiel auf Ideen. Mit dieser Dimension hat sich *Richard Crutchfield* beschäftigt. Er führte eine Reihe von Experimenten durch, mit denen er feststellen wollte, wie weit der Drang zum Konformismus bei politischen Meinungen ging.

Zuerst wählte er seine Teilnehmer nach ihrer politischen Richtung aus. Er händigte an Studenten einen Fragebogen aus und bat sie, sich auf einem Kontinuum von links bis rechts einzuordnen. Er wählte dann die Studenten aus, die sich im Meinungsspektrum bei links bis linksliberal eingeordnet hatten. Als nächstes sammelte er eine Reihe politischer Aussagen aus der zeitgenössischen Berichterstattung. Das Testmaterial für die Gruppen stellte er aus neutralen, links- und rechtsgerichteten Quellen zusammen. Er entschied sich für das Multiple-choice-Verfahren. Ein Beispiel:

»Das größte Problem, vor dem die Vereinigten Staaten heute stehen, ist:

a) Rezession,
b) Bildungseinrichtungen,
c) subversive Aktivitäten,
d) geistige Gesundheit,
e) Kriminalität und Korruption.«

Mit seiner Methode lehnte er sich an die Arbeiten von *Asch* an. Wirkungsvoller aber war, daß die Probanden alleine in Kabinen saßen. Die Aussage wurde vorgelesen, und der Proband sollte den entsprechenden Knopf für die Aussage drücken, die seiner Meinung am ehesten entsprach. Das als Gruppenlösung angezeigte Ergebnis aber wurde manipuliert. Den Teilnehmern wurde eine Gruppenpräferenz für Aussagen aus dem rechten Spektrum suggeriert. Durch Einsatz vorgeblichen Gruppenzwangs gelang es Crutchfield, achtundvierzig Prozent seiner Probanden aus dem linken Meinungsspektrum dazu zu bringen, Aussagen zuzustimmen, die aus einer Broschüre der rechtsradikalen »John Birch Society« stammten, obwohl mehrere Punkte zur Verfügung standen, die dem linken Meinungsspektrum mehr entsprochen hätten.

Gruppen und der erfolgreiche Manager

Wir haben uns lange damit beschäftigt, die Ergebnisse der Versuche zum Einfluß von Gruppen auf das Verhalten und Denken von Menschen darzustellen. Wer als Sieger aus dem Organisationsspiel hervorgehen will, muß unbedingt begreifen, welche Macht Gruppen ausüben können. Wenn Sie weitermachen wollen wie bisher, wenn Sie weiter daran glauben wollen, daß der einzelne seine Bahn ziehen kann, wie er will, ohne sich um den Einfluß anderer zu kümmern, werden Sie viele Chancen verpassen. Sie werden darüber hinaus auch nicht die Fallen erkennen, die in der eigenen Psyche liegen. Sie müssen lernen, Gruppen und ihren Einfluß als Machtquelle, aber auch als Machtbremse zu begreifen.
Als erstes ist die Macht zu erwähnen, die Gruppen über andere ausüben können. Wenn Sie sich dieser Macht bedienen können, indem Sie die Entwicklung lenken, die die Ansichten der Gruppe definiert, und dann auch durchsetzen, haben Sie alle Möglichkeiten, Ihre eigenen Ziele zu erreichen. Wenn Sie die Kontrolle über die Gruppe erlangen, indem Sie sich eine wesentliche Mehrheit der Gruppenmitglieder willfährig machen, wird die Gruppe ihren Einfluß zu Ihrem Nutzen geltend machen.
Denken Sie jedoch immer daran, daß Gruppen auch Sie beeinflussen können. Aus den oben beschriebenen Experimen-

ten haben Sie hoffentlich erkannt, daß Sie auch mit einer noch so starken Persönlichkeit immer der Magie unterliegen, die eine Gruppe auf ihre Mitglieder ausübt. Die Gruppen in den Organisationen sind nur darauf aus, auch Sie mit auf die Verliererstraße zu ziehen. Denken Sie auch daran, daß der heimliche Verräter in Ihnen steckt - Ihr ÜBER-ICH. Auch das ist nur darauf aus, dem schon vorhandenen Repertoire neue Regeln hinzuzufügen. Es ist nur allzu bereit, Gruppennormen zu verinnerlichen und damit Ihren Verhaltensspielraum einzuschränken.

Die Gruppen, denen Sie im Organisationsspiel ausgesetzt sind, haben jeweils andere Normbündel, in die auch Sie eingebunden werden sollen. Mit manchen läßt sich einfach umgehen. Andere sind durch Stärke in Kombination mit Transparenz sehr viel heimtückischer. Ausgerüstet mit einer Übersicht über die Gruppen entlang der Balken des Managementkreuzes (siehe dort) werden Sie in der Lage sein, den jeweiligen Druck zu erkennen, den die einzelnen Gruppen auf Sie ausüben.

Lassen Sie mich auf zwei Gruppierungen näher eingehen, deren Einfluß weniger offensichtlich ist und die sich deswegen sehr viel heimtückischer auf Ihr Verhalten auswirken werden.

Zunächst einmal hat die Organisation eine »Unternehmenskultur« als Grundlage für die Erwartungen, die an das Verhalten der Mitarbeiter gestellt werden. Wer den Gepflogenheiten einer Organisation über lange Zeit ausgesetzt ist, hat auch in seinem ÜBER-ICH die Handlungsweisen der Organisation verinnerlicht. Dazu gehören Vorstellungen zu Professionalität: Stil ist meistens wichtiger, als Ergebnisse zu erzielen. Ein neuer Mitarbeiter wird schnell lernen, daß es nicht darauf ankommt, daß er Ergebnisse erzielt, sondern wie er sie erzielt. Aufgrund der herrschenden Gruppenkultur werden Ergebnisse nur dann geschätzt, wenn vorher das entsprechende Palaver stattfindet und viel Papier hin und her geschickt wird. Bei einem derartigen Vorgehen sind natürlich Verlierer am Werk, die das Verhalten anderer nach ihrer Weise modellieren wollten.

Die zweite Gruppierung im Organisationskreuz, vor der Sie sich in acht nehmen müssen, sind die Kollegen. *J.A.C. Brown* hob deutlich hervor, daß Gruppen die Anpassung an das Gruppenverhaltensmuster bis in die kleinste Einzelheit hinein erwarten. Sein Beispiel vom Arbeiter mit Hut, das ich bereits angeführt habe, ist hier von größter Bedeutung. Browns Meinung ist es, daß Kollegengruppen sehr strenge Ansichten zu individuellen Verhaltensweisen hegen. Versuche, sich Stil und Verhalten vermeintlich höherstehender Gruppen anzueignen, gelten als Ablehnung des gruppeninternen Solidaritätskodex. Das Problem für den potentiellen Sieger besteht nun aber gerade darin, daß er die unteren, weniger angesehenen Gruppen hinter sich lassen und in höhere Gruppen aufsteigen muß, in denen es mehr »Bonbons« gibt. Wer Erfolg will, muß Merkmale der höheren Gruppe, der er zugehören will, vorwegnehmen und durch sein Verhalten schon vorab signalisieren, daß er eigentlich zur Gruppe der Auserkorenen gehört. Ein Nachwuchsmanager, der in den Vorstand will, ist gut beraten, wenn er sich schon so kleidet, verhält und lebt wie ein Vorstand. Ein Dozent, der Professor werden will, muß sich auch wie ein Professor verhalten. Ein Priester, der Bischof werden will, sollte sich so benehmen, wie Angehörige des Episkopats es tun. Wer seine Beförderungsfähigkeit durch entsprechendes Verhalten früh signalisiert, wird am ehesten bevorzugt und kommt am schnellsten voran. Das ist besser, als die Beförderung in Ruhe abzuwarten und sich erst dann auf die Gepflogenheiten der Führungsetage einzustellen.

Wer wirklich siegen will, muß Gruppen also als das sehen, was sie wirklich sind – als Feinde. Sie sind die Produkte einer ererbten Vergangenheit, die vielleicht unseren Vorfahren in grauer Urzeit das Überleben gesichert haten. Heute aber sind sie, wie der Blinddarm, nur noch eine überflüssige Gefahr für die eigene Gesundheit. Sie selbst sind niemandem etwas schuldig – am allerwenigsten Ihrem unmittelbaren Umfeld in der Organisation.

Legen Sie also Lippenbekenntnisse zur Gruppenzugehörigkeit ab - soviel wie nötig im täglichen Kampf ums Überleben. Sie müssen jedoch unbedingt erkennen, daß Ihre Loyalität zur Gruppe zwar als selbstverständlich gilt, Ihren Weg zur Spitze aber eher blockiert.

4 Die Organisation als Feind

Ich begann dieses Buch mit der Warnung, daß der Weg zum Sieg alles andere als glatt verlaufen würde. Den Weg entlang lauern Feinde, die darauf aus sind, Sie mit Ihrem Ehrgeiz zu zerstören und damit zum Verlierer abzustempeln.

Einer dieser Feinde ist die Organisation selbst. Ich wiederhole meine bereits geäußerte Warnung: Die Bedürfnisse der Organisation vertragen sich nicht mit Ihren Interessen. Die Organisation trachtet danach, Sie auszubeuten. Also müssen Sie wissen, welche Gepflogenheiten in Organisationen herrschen und wie sie sich dazu verschwören, Sie vom Sieg abzuhalten.

Sie werden sich fragen, warum Sie auch noch die Organisation berücksichtigen müssen, nachdem Sie sich schon mit den verschiedenen Gruppen beschäftigt haben. Natürlich bestehen Organisationen aus Menschen, die sich zu Gruppen zusammenschließen. Sollten daher die Warnungen des vorherigen Kapitels ausreichen? Die Antwort lautet, daß Organisationen Charakterzüge annehmen, die sich von der bloßen Summe der Einzelpersonen oder der Gruppen, aus denen sie sich zusammensetzen, unterscheiden. Sie verfügen über Macht, zu der der einzelne keinen Zugang hat. Diese Macht stammt aus drei Quellen:

① Der Synergieeffekt, der sich aus der Arbeit einzelner und der Arbeit von Gruppen ergibt, die ähnliche Zwecke verfolgen, führt dazu, daß die Organisation mächtiger ist als die Summe der Handlungen ihrer Mitglieder.

② Organisationen können dank ihrer Größe Aufgaben angehen, die ein einzelner oder eine einzelne Gruppe nicht leisten könnten. Sie stehen jenseits von Zeit und Raum und sind in der Lage, an vielen Orten gleichzeitig zu handeln.

③ Sie sind nicht auf Einzelpersonen angewiesen. Menschen kommen und gehen. Die Organisation selbst aber besteht in mehr oder weniger gleicher Weise fort. Sie ist wie der sprichwörtliche Hammer mit vier Griffen und drei Köpfen. Die Einzelteile werden mit der Zeit ausgewechselt, aber die Organisation bleibt die gleiche.

Aus diesem Grund sprechen wir von Organisationen so, als hätten sie ihre Daseinsberechtigung aus sich selbst heraus, als ob sie Individuen mit Eigenbewußtsein seien. Und deshalb bedürfen sie der besonderen Betrachtung. Sie sind nicht nur das Spielfeld, auf dem Sie antreten, sondern auch eine mächtige und besondere Gattung von Feind.

Warum sind Organisationen so mächtig geworden? Die Antworten auf diese Frage sind lebenswichtig. Sie werden Sie in die Lage versetzen, Ihre Ziele zu erreichen, auch wenn die Organisation versuchen wird, Sie davon abzuhalten. Wie Gruppen können auch Organisationen den einzelnen gegen seinen Willen in ihr Magnetfeld ziehen. Sie müssen daher vor allem erkennen, daß Sie auf Organisationen dieselben Regeln zur Loyalität anwenden müssen wie auf Gruppen. Organisationen sind für Sie da, damit Sie sie für die eigenen Zwecke einsetzen. Sie müssen lernen, wie Sie das, was Sie wollen, bei möglichst geringem Einsatz bekommen. Legen Sie jegliche Verlierermentalität, die noch in den Tiefen Ihres ÜBER-ICHs schlummern könnte, ab. Organisationen sind lediglich willkürliche Gebilde, die Sie entweder in Ihrem Erfolgsstreben behindern oder die Sie zum eigenen Nutzen einsetzen können.

Ihre eigenen Erfahrungen:

- Kommt es Ihnen seltsam vor, wenn sich jemand auf eine Organisation bezieht, als sei sie ein Mensch? Beispiel: »Ford geht davon aus, nächstes Jahr höhere Gewinne zu erzielen.«
- Schauen Sie sich Ihre eigene Organisation an. Wie sehr ist sie – trotz großer Mitarbeiterfluktuation im letzten Jahr – die gleiche geblieben?
- Denken Sie an einen Mitarbeiter, der als loyal und zuverlässig gilt. Was bekommt er dafür als Gegenleistung?
- Seien Sie ehrlich! Wie groß ist Ihre Loyalität zu Ihrer Organisation?
- Was müßte passieren, um das Ausmaß an Loyalität, das Sie für Ihre Organisation empfinden, zu verändern?

Die Anatomie von Organisationen

Wer sich mit Organisationen und ihrer Funktionsweise befassen will, fängt am besten bei *Max Weber* an. Wenn Sie seine gründliche Analyse begriffen haben, werden Sie eher in der Lage sein, sich vor Ausbeutung durch die Organisation zu schützen und Ihre Gegenstrategie zu formulieren.

Wie bei *Freud* müssen auch bei *Weber* die Fachtermini erklärt werden. So verwendet er zum Beispiel den Begriff »Bürokratie«, um zu beschreiben, wie sich moderne Organisationen selbst »organisieren«. Diese Bezeichnung ist problematisch, weil sie oft im negativen Sinne gebraucht wird. Im britischen Unterhaus wurde beispielsweise im Jahre 1968 ein Antrag gestellt, in dem »das fortschreitende Wachstum der Bürokratie« verurteilt wurde. Gemeint war damit die Vermehrung frustrierender Vorschriften und der immer lauter wiehernde Amtsschimmel. Dies ist eine klare Warnung an alle, die Sympathie für Organisationen und ihre Tätigkeit hegen. In der Umgangssprache bedeutet Bürokratie heute stümperhafte Unfähigkeit und die Auswucherung scheinbar sinnloser Abläufe und Vorschriften, die jede Leistungsfähigkeit von Führungskräften einengt. *Weber* meinte aber etwas anderes. Er verwendete den Begriff ohne negativen Beigeschmack. Er wollte damit lediglich beschreiben, wie sich Organisationen intern regeln. Seine Analyse erklärt, was sich in einer Organisation abspielt.

Seine Beschreibung ist deshalb besonders hilfreich, weil sie das Thema aus der Perspektive der Macht beleuchtet: *Weber* zeigt, wie es Organisationen und ihren Führungskräften gelingt, Macht über andere zu erlangen. Da Sie lernen müssen, dieser Macht zu widerstehen, sie zu verändern und zu unterlaufen, ist diese Darstellung ein sehr wertvolles Stück »Aufklärung vor der Schlacht«. *Weber* ging davon aus, daß sich moderne Organisationen – »Bürokratien« – auf eine sogenannte »rationale/legale« Autorität stützen. Anders als feudalistische Institutionen oder revolutionäre Regierungen üben sie eine erkennbar »legitime« Macht über ihre Mitglieder aus. Sie handeln nicht nach Herrscherlaune, sondern nach sorgfältig erarbeiteten Regeln, die von den Mitarbeitern als legitim akzeptiert werden. Also halten sie sich an die Anweisungen.

Nach *Weber* funktionieren Organisationen über ein System von »Amtsinhabern«. Jeder Amtsinhaber hält sich in der Ausübung seiner Befugnisse an die Regeln. Zur Unterstützung kann er auf eine Ablage zurückgreifen, in der alles festgehalten ist. So kann er nachschlagen, wie die Organisation in ähnlichen Situationen in der Vergangenheit vorgegangen ist. Dieses Archivsystem sieht er als Quell der Stärke.

Grundsteine der Bürokratie sind hierarchisch angeordnete »Ämter«. *Henri Fayol* sprach in diesem Zusammenhang von einer »skalaren Kette«. Gemeint sind klar definierte spezifische Verantwortlichkeiten, die so verteilt sind, daß keine Lücke in der Befugniskette entsteht. Die Handlungskompetenz jedes Amtsinhabers ist in den formalen Regeln der Organisation genau definiert. Ämter werden nicht vererbt. Es gibt auch keine Vetternwirtschaft. In Bürokratien werden diejenigen befördert, die sich durch Leistung, Fortbildung und Erfahrung qualifiziert haben. Wer die erste Stufe in der Hierarchie erklettert hat, wird nach der nächsten Hierarchiestufe trachten oder den Sprung nach oben in einer anderen Organisation machen.

Wer dies für selbstverständlich hält, sollte bedenken, daß der Schlüssel zum Verständnis des Begriffes »Position« oder »Amt« in modernen Organisationen darin liegt, daß die jeweiligen Inhaber Experten sind: Sie haben ihre Stellung nur aufgrund ihrer Qualifikationen erhalten, und diese Qualifikationen bilden auch den alleinigen Anspruch auf die Position oder das Amt.

Ihre eigenen Erfahrungen:

- Können Sie die von oben nach unten verlaufende Stufenleiter der Positionen in Ihrer Organisation erkennen?
- Wo ist Ihre Position auf dieser Stufenleiter angesiedelt?
- Ist auf der Leiter nach oben nach Platz? Was müssen Sie tun, um dorthin zu gelangen?
- Gibt es vergleichbar lohnende Positionen in anderen Organisationen?

Weber wies nach, daß Bürokratien effektiv sind. Sie bewältigen Aufgaben auf eine Art und Weise, die andere Organisationsformen oder Einzelkämpfer nicht leisten können. Durch einen Prozeß natürlicher Auslese ist daher das bürokratische System in allen fortgeschrittenen Gesellschaften zur Norm geworden. Dies gilt für die Marktwirtschaft genauso wie für den Staatsapparat in den kommunistischen Ländern.

Die Wirksamkeit von Bürokratien liegt in der Kontrolle, die sie über ihre Mitglieder ausüben. Beruflich qualifizierte Positionsinhaber sichern die richtige Aus- und Weiterbildung auf allen Hierarchieebenen. Da jeder Inhaber einer Führungsposition in die Regeln der Organisation eingebunden ist, lassen sich in Bürokratien Aufgaben auf die richtige Kompetenzebene delegieren. So werden die verfügbaren Energien sparsam eingesetzt. *Charles Perrows* Begriff der »Organisations-Eunuchen« ist hier erneut von Bedeutung. Der »Profi« wird nur das tun, was die Organisation von ihm erwartet. Aufgrund seiner Ausbildung ist sein ÜBER-ICH prall angefüllt mit Regeln, wie sich eine Führungskraft »richtig« verhält. Die »falschen« Manager dagegen bleiben außen vor. In Auswahlverfahren wird danach geschaut, wer paßt und die Organisation mit ihren Handlungsweisen nicht in Frage stellt.

Scheidet der Inhaber einer Position aus der Firma aus, wird eine andere qualifizierte Person seinen Platz einnehmen. Der Neue besetzt lediglich eine Vakanz. Er hat seine Ausbildung, kennt die Regeln und weiß, wie er sich des »kollektiven Gedächtnisses« der Organisation – der Akten, in denen alles aufgezeichnet wird – bedient. *Weber* sah darin zwei Qualitäten, durch die Bürokratien effektiver arbeiten als andere Organisationsformen. Er sah die Verläßlichkeit der Kontinuität: Manager kommen und gehen, aber die Inhaber von Positionen führen weiter die verlangten Funktionen aus. Und sie sind diszipliniert: Sie können die Mitglieder der Organisation so steuern, daß sie sich an die Regeln halten und das tun, was die Organisation will.

Daraus folgt, daß Organisationen beträchtliche Macht über Ihr Leben ausüben. Sie bestimmen, was Sie zu tun haben, um überleben zu können. Sie bestimmen und überwachen die Grenzen dessen, was Sie tun können und was nicht. Da sie auch die Kontrolle über die Ressourcen haben, bestimmen die Organisationen zudem, was Sie als Organisationsmitglied erhalten können.

Die Macht der Organisationen reicht jedoch weiter als bis zu den unmittelbaren Mitarbeitern. Wer eine Organisation zum Handeln auffordert, muß sich auf den guten Willen der Funktionsträger verlassen, wenn er das bekommen will, was er von ihr will. Mit Zeit und Erfahrung auf ihrer Seite und mit der Macht, das zu gewähren oder vorzuenthalten, was die Organisation zu geben hat, kann sie es jederzeit mit einer Einzelperson aufnehmen.

Ihre eigenen Erfahrungen:

● Denken Sie an die Zeit zurück, zu der Sie eine neue Aufgabe, eine neue Position übernahmen. Wie haben Sie festgestellt, was von Ihnen in dieser Position erwartet wurde?

● Wie steht es mit Ihrer gegenwärtigen Position? Wissen Sie, was Sie ohne Genehmigung Ihres Vorgesetzten tun dürfen?

● Haben Sie jemals erlebt, daß Sie sich mit jemandem »gut stellen« mußten, weil nur er in einer Position war, das zu gewähren, was Sie brauchten?

Auf tönernen Füßen

Moderne Bürokratien scheinen zwar auf den ersten Blick sehr effektiv, sind aber in Wirklichkeit höchst ineffektiv. Dieselben Eigenschaften, die ihnen zur Macht verhalfen, tragen nun zu ihrer Ineffizienz und Ineffektivität bei. Von Ihrem persönlichen Standpunkt aus ist die Organisationsstruktur nicht vereinbar mit Ihrem Ziel, als Sieger aus dem Organisationsspiel hervorzugehen. Denn: Bürokratien haben die Macht, ihre Manager im Zaum zu halten. Der hierarchische Aufbau durchkreuzt so Ihren Weg zum Sieg. Die Regeln, die das Handeln der Positionsinhaber bestimmen, behindern Ihre Interessen. Da aber diese Regeln vorwiegend unbewußt am Werke sind, sind sie um so mächtiger und heimtückischer. Sie sind so sehr Teil des Organisationsalltags, daß sie als »natürliche und normale« Ordnung der Dinge hingenommen werden. Mit dieser alles durchdringenden Macht konfrontiert, müssen Sie sich zu Widerspruch und Widerstand wappnen. Sie müssen lernen, sich von den Regeln und Erwartungen an Ihre Position zu distanzieren. Sehen Sie die Bürokratie, wie sie ist – als Ihren Feind. Wir haben schon gelernt, daß der wichtigste Vorteil bürokratischer Organisationen in ihrer Ausübung von Kontrolle darin liegt, daß diese Kontrolle bei den Mitgliedern der Organisation als legitim gilt. Innerhalb des Systems beanspruchen und empfangen die Inhaber höherer Positionen die Loyalität der Positionsinhaber, die auf der Stufenleiter unter ihnen stehen. Über diese formale Legitimität hinaus schafft der Prozeß der Gruppenloyalität eine psychologische Bindung an die (und verstärkt dadurch wiederum die Loyalität in der) Hierarchie.

Sie müssen diese Legitimität als Schwachstelle erkennen und bereit sein, dagegen anzugehen. Von Ihrem Standpunkt aus ist die Macht der Organisationen illegitim, weil sie zwischen Ihnen und Ihrem Erfolgswillen steht. Natürlich kann diese Macht real sein und reale Auswirkungen auf das Verhalten einzelner Personen, die ihr ausgesetzt sind, zeitigen. Sie sind gut beraten, wenn Sie so tun, als ob sie diese absolute Legitimität billigen. In Ihrem Inneren jedoch müssen Sie erkennen, daß Sie sich damit Regeln anderer unterwerfen. Innerlich müssen Sie diese Regeln also unbedingt ablehnen.

Eines Ihrer Probleme besteht darin, daß wir alle in unserem Leben die Loyalität zu Organisationen in unserem ÜBER-ICH verinnerlicht haben. Deshalb fällt es uns äußerst schwer, illoyale Gedanken zu der Organisation zu hegen, der wir angehören. Wir mögen noch so sehr von der Ineffizienz der Bürokratie enttäuscht sein. Wir mögen uns darüber aufregen, wie wir und andere Manager behandelt werden – trotzdem hat unser ÜBER-ICH gelernt, daß wir unsere Organisation respektieren müssen, daß wir uns loyal verhalten müssen und daß wir ihr legitimes Recht, Macht über uns auszuüben, anerkennen müssen. Dies aber sind Regeln für Verlierer. Als erfolgsgewillter Manager müssen Sie sie durch ein Bündel neuer Einstellungsweisen zu Organisationen ersetzen. Betrachten Sie sie nicht nur als »Feinde an sich«, sondern zudem noch als Feinde, die man nicht respektiert, die man verachtet. Durch die Arbeitsweise bürokratischer Organisationen wird dies für Sie einfacher werden, als Sie glauben. Denn: Organisationen werden durch andere Manager lediglich als Vehikel dazu benutzt, Ihnen ihr Weltbild aufzuzwingen. Hinter der unpersönlichen und uneigennützigen Fassade der »Position« steht der Positionsinhaber mit seiner eigenen Persönlichkeit – und seinen eigenen Zielen. Die scheinbar »objektiven und sachlichen« Regeln sind lediglich das Produkt aus der Verfolgung von Zielen durch andere. Organisationen sind keineswegs unpersönliche, altruistische Einheiten. Im Gegenteil, sie sind ein Schlachtfeld der Macht. Machen Sie sich das begreiflich. Befreien Sie sich von Loyalitäten, die fehl am Platze sind. Nur so werden Sie in der Lage sein, mit Aussicht auf Erfolg in den Kampf um die Macht einzugreifen.

Bürokraten

Organisationen erheben unter anderem auch deshalb einen Anspruch auf Legitimität, weil sie dazu da seien, bestimmte Aufgaben zu bewältigen. Krankenhäuser sind dazu da, Menschen zu heilen. Universitäten sind dazu da, Wissen anzusammeln und an Studenten weiterzugeben. Streitkräfte sind dazu da, ein Land zu verteidigen. Wenn Sie aber davon überzeugt sind, daß die Ziele der Organisation durch die Positionsinhaber untergraben werden, die ihre eigenen Vorstellungen in die Organisation einbringen, sollten Sie deren Legitimität mit folgender Frage erkunden: »Wie oft führen die Regeln, die die

Arbeitsweise einer Organisation bestimmen, tatsächlich zu den formal festgesetzten Zielen?« *Webers* »Idealtypus« einer Bürokratie sieht auf dem Papier gut aus. Es betrachtet Organisationen so, als hätten sie einen klar definierten Verhaltenskodex: die Regeln. Sie stellen sicher, daß jeder in der Organisation weiß, was er zu tun hat und zu lassen hat. Damit sei dafür gesorgt, daß die Mitglieder die entsprechenden Aufgaben als Beitrag zum Organisationszweck vollbringen. Dieser Ansatz läßt jedoch unberücksichtigt, wie sich Manager wirklich verhalten, sobald sie eine Position übernommen haben.

Das Problem mit den auf Managementpositionen zutreffenden Regeln besteht darin, daß der Zweck und die Mittel zum Zweck in den Köpfen der Manager durcheinandergeraten. Damit eine Organisation überhaupt handeln kann, muß aber die Gesamtaufgabe zu mehreren Teilaufgaben, die von einzelnen Personen bewältigt werden können, heruntergebrochen werden. Nach *Max Weber* sind die Regeln dazu da, die Durchführung aller Teilaufgaben innerhalb der Gesamtaufgabe zu gewährleisten. Einzelne Positionsinhaber tragen die Verantwortung dafür, daß diese Aufgaben regelgemäß erledigt werden. Hier liegt das Problem. Die Regeln erlangen für den Positionsinhaber einen Sinn, der ihnen niemals zugedacht war. Sie haben mit der ursprünglichen Funktion als ordnendes Hilfsmittel zur Erfüllung des Unternehmenszwecks nichts mehr zu tun, sondern werden zum Selbstzweck. Sie gehen in das ÜBER-ICH-Repertoire des Positionsinhabers ein. Er aber ist sich aus der beschränkten Perspektive seiner Position der Auswirkungen nicht bewußt, die eine Einhaltung der Regeln auf die Aufgaben der Organisation hat. Vielleicht werden wichtige Chancen verpaßt. Vielleicht scheitert die Organisation in ihrem Kernbereich. Sei's drum! Die auf den kleinen Tätigkeitsbereich des Positionsinhabers zutreffenden Regeln sind einzuhalten!

Für solche Manager – und davon gibt es viele – ist das Leben einer Führungskraft eine Kunst. Das Ergebnis ist weniger wichtig als die Art und Weise, wie man es erzielt. Ergebnisse aber lassen sich nur dann legitim erzielen, wenn man sich an die Regeln der Organisation hält. Etwas anderes gibt es nicht. Das alleine ist schon schlimm genug. Hinzu kommt aber noch das ÜBER-ICH. Manager halten die vorgegebenen Regeln meist nicht für ausreichend. Anstatt die Regeln mit einer Ausrede zu umgehen, drängt es sie danach, sie immer wieder zu erweitern, damit auch alle Zweifelsfälle abgedeckt werden. Eine »Bürokratenpersönlichkeit«, wie *Robert Merton* sie beschreibt, sucht auch zwischen den Zeilen der Organisationsgesetze nach einem Sinn, den es gar nicht gibt. Für solche Manager bietet die Organisation ein ideales Betätigungsfeld zur Ausübung persönlicher Macht. Die Rolle als »Hüter der heiligen Regeln« vermittelt ihnen eine Selbstgefälligkeit als Ausgleich für ihr ansonsten verkümmertes und unerfülltes Leben. Sie sehen sich als loyale Diener, die zum Wohl der Organisation arbeiten.

Sie aber müssen sie als das erkennen, was sie in Wirklichkeit sind: Verlierer, die einer effektiven Führung im Wege stehen.

Zwei Beispiele sollen zeigen, wie gefährlich solche Manager sein können.

Einem großen staatlichen Unternehmen bot sich die Chance, einen prestigeträchtigen und lukrativen Großauftrag an Land zu ziehen. Der Entscheidungsprozeß verlief jedoch äußerst langsam und schwerfällig. Die Termine waren eng kalkuliert, und so kam der Tag, an dem die Position des Projektleiters besetzt werden mußte. Es gab einen hochqualifizierten Kandidaten, der auch bereit war, die Aufgabe kurzfristig zu übernehmen. Nach den internen Regeln zur Stellenbesetzung mußte jedoch jede Position auf bestimmten Ebenen zwei Wochen lang öffentlich ausgeschrieben werden. Weitere zwei Wochen waren für Einstellungsgespräche mit den Kandidaten vorgesehen, die in die engere Wahl kamen, und bis zur Entscheidung würde eine weitere Woche vergehen. Insgesamt würde es also zu einer Verzögerung von fünf Wochen kommen. Dieses Verfahren traf zwar nicht unbedingt für die zu besetzende Position zu. Die Personalabteilung aber beharrte auf Einhaltung des Verfahrens – dem Drängen der Führungsspitze zum Trotz. Die Frist verstrich, und der Auftrag wäre eigentlich verloren gewesen. Nur durch Glück und keineswegs dank derer, die ihre Interpretation der Organisationsregeln über alles andere gestellt hatten, wurde die Frist verlängert, und der Wunschkandidat übernahm den Posten. Zu keiner Zeit kam es den Verantwortlichen in der Personalabteilung in den Sinn, daß sie das Wohl der Organisation aufs Spiel gesetzt oder in diesem Prozeß viel wertvolle Management-Zeit verschwendet hatten. Sie empfanden statt dessen selbstgerechte Befriedigung darin, sich an die »Vorschriften« gehalten zu haben.

Das zweite Beispiel ist noch absurder. Beim Militär gibt es viele strenge Sicherheitsvorschriften zum Umgang mit Munition. Beim Schienentransport sind beispielsweise zwei Leerwaggons zwischen Lokomotive und Munitionswaggon mitzuführen. Zum Rangieren in einem Munitionsdepot wird ein Munitionszug in vier Abschnitte unterteilt. Für jeden Abschnitt kommt eine Zug- und eine Schublokomotive zum Einsatz. Für einen Munitionszug mit vier Abschnitten werden also sechzehn Leerwaggons benötigt. Da solche Leerwaggons zu einem Preis gemietet werden müssen, der sich mit jedem weiteren Tag verdoppelt, kommt eine erkleckliche Rechnungssumme allein für die Leerwaggons zusammen – und das Entladen eines Munitionszuges kann bis zu einer Woche dauern. Die Rechnung dafür aber zahlt der Steuerzahler. Der Vorschlag eines Stabsoffiziers, an den Leerwaggons zu sparen, traf bei den Sicherheitsbeauftragten auf großes Entsetzen. Der Offizier wies darauf hin, daß sich die Bedingungen doch längst geändert hatten. Die Leerwaggons mußten ursprünglich zwischengekoppelt werden, weil man verhindern wollte, daß Funken der Lokomotive das Schießpulver in den offenen Güterwaggons entzünden konnte. Bei Diesellokomotiven aber gibt es keinen Funkenflug mehr, und moderne Munition enthält kein Schwarzpulver und wird nicht durch Flammen gezündet. Munition wird heutzutage in geschlossenen Waggons befördert. Dennoch blieben die Sicherheitsvorschriften sakrosankt. Es sei schließlich nicht Aufgabe der Sicherheitsoffiziere, sich um die Kosten für den Steuerzahler zu kümmern.

Die Neigung von Amtsinhabern, die für ihre Position geltenden Vorschriften zu einem moralischen Imperativ zu erheben, existiert in allen Organisationen. Sie wird um so stärker, je weniger der Positionsinhaber finanziell zur Rechenschaft gezogen wird. »Dafür setze ich doch nicht meine Karriere aufs Spiel«, werden Sie in Ihrem Umfeld schon oft genug gehört haben. In kleinen, gewinnorientierten Organisationen wird eine Bürokratenpersönlichkeit schnell als leistungshindernd und damit auch finanziell als Belastung entlarvt. In größeren Organisationen mit ihren diffusen Zuständigkeiten und vielen dunklen Ecken, in denen sich der einzelne verstecken kann, gibt es jedoch jede Menge Möglichkeiten zur Obstruktion. Dies gilt vor allem für den öffentlichen Sektor. Es ist daher auch kein Zufall, daß die beiden oben aufgeführten Beispiele aus dem öffentlichen Sektor stammen. Hier stehen ergebnisorientierte Leistung und Sparsamkeit ganz hinten. An erster Stelle rangiert die Befriedigung der Bedürfnisse des jeweiligen Amtsinhabers. Die Bürokratenpersönlichkeit dominiert das Verhalten des Amtsinhabers so sehr, daß sich dieser Stil schließlich durchsetzt und zum Selbstzweck wird.

Ihre eigenen Erfahrungen:

● Kennen Sie jemanden, der seinen Rang benutzt, um Vorschriften durchzusetzen und so Macht über Menschen auszuüben?
● Kennen Sie ähnliche Beispiele wie die oben angeführten aus eigener Erfahrung?
● Haben Sie die Mentalität »Dafür setze ich doch meine Karriere nicht aufs Spiel« im Umgang mit Amtsinhabern schon selbst erlebt?

Karrierespiele

Organisationen setzen Ihnen Hindernisse in den Weg, um Ihnen Ihren wohlverdienten Lohn vorzuenthalten. Organisationen sind häufig von so vielen Regeln und selbsternannten Hütern dieser Regeln gesättigt, daß sie ihre Aufgaben kaum noch effektiv erfüllen können. Dennoch brauchen Sie sie gemeinsam mit allen anderen, die die Büros einer Organisation bevölkern. Sie brauchen sie, weil sie Ihnen etwas zu bieten haben – Einkommen und Sicherheit und ein Betätigungsfeld für die kreativen Energien, die in uns allen stecken. Ihre Bedürfnisse sind die Quelle der Macht, die Organisationen über ihre Mitglieder ausüben. Und die Amtsinhaber werden immer zuerst ihre eigenen Interessen verfolgen.

Die nächsten beiden Beispiele handeln von einem Manager, der von der Organisation ausgenutzt wurde, und von einem anderen, der die Organisation für seine eigenen Zwecke ausnutzte.

Graphikdesigner bei einer Lokalzeitung, deren Leserschaft rapide abnimmt:

① Als junger Mann hielt er es nicht für nötig, eine Kunsthochschule zu besuchen. Ein abgeschlossenes Studium hätte ihm auch allgemeine, auf andere Berufsfelder übertragbare Qualifikationen vermittelt.

② Er nahm eine schlechtbezahlte Lehrstelle bei der Zeitung an und wollte sich dort nach oben arbeiten. Während der nächsten zwanzig Jahre arbeitete er still und leise vor sich hin.

③ Während all dieser Jahre blieb er der Organisation in Treue fest verbunden.

④ Er brachte es (schließlich) zu einer Führungsposition auf unterster Ebene.

⑤ Durch die Einführung neuer Technologien wurden seine Fachkenntnisse entbehrlich.

⑥ Das Unternehmen wurde vor einigen Jahren von einer anderen Firma übernommen und stellte komplett auf neue Technologien um.

⑦ Seinen Job kann heute schon ein Zwanzigjähriger nach einer zweiwöchigen Schulung in Computergrafik und Desktop-Publishing machen.
⑧ In der Bürokratie ist kein Platz mehr für ihn.

FAZIT: Verlierer

Vertriebsleiter bei einem Papierhersteller:
① Er sieht die Organisation als einen Ort, an dem sich Fertigkeiten erlernen lassen, die auf andere Tätigkeiten innerhalb und außerhalb der Organisation übertragbar sind.
② Er nutzt die Organisation, um zu lernen und Erfahrungen zu erlangen. Er nimmt an Seminaren über Informationstechnologie, Lagerwirtschaft und Marketing teil.
③ Mit dieser Aus- und Weiterbildung macht er sich für weitere Bereiche der Bürokratie nützlich.
④ Er hat sich ein Bündel variabel einsetzbarer Fähigkeiten angeeignet, die es ihm ermöglichen, die Organisation zu wechseln.
⑤ Er bleibt nur so lange bei der Vertriebsgesellschaft, wie sie ihm Vorteile bietet.
⑥ Nach wenigen Jahren wird er sich mit seiner Erfahrung anderen Organisationen andienen und sich für die entscheiden, die ihm die besten Konditionen bietet.
⑦ Er setzte seine Erfahrung als Argument in Verhandlungen um eine bessere Stelle ein.

FAZIT: Sieger

Bürokratisch starre Organisationen

In seiner Beschreibung der typischen Merkmale moderner bürokratischer Organisationen lenkt *Max Weber* die Aufmerksamkeit darauf, daß die Positionsinhaber auch in ihren

Karrieremöglichkeiten von der Organisation abhängig sind. In der Hierarchie wird nur der befördert, der sich vorschriftenkonform verhält. Wer das Organisationsgleichgewicht gefährden könnte, wird entweder gar nicht erst eingestellt oder aber, einmal in der Organisation drin, in seinem Fortkommen gehindert. Das erste, was eine Führungskraft lernen muß, ist,»eine saubere Weste« zu behalten. Der Manager muß Risiken, die zu einer negativen Beurteilung durch seine Vorgesetzten führen könnten, meiden wie der Teufel das Weihwasser. Denn sie bestimmen schließlich über seinen Karriereweg.

Karriere machen und überleben sind die zentralen Ziele der meisten Positionsinhaber. Bloß kein Risiko einzugehen ist daher die häufigste im Organisationsspiel eingesetzte Taktik. Wenn ein erfolgreicher Beitrag zur Gesamtaufgabe der Organisation die Karriere gefährden könnte, entscheiden sich die meisten Manager auf Kosten der Effektivität lieber für die sichere Seite.

Ihre eigenen Erfahrungen:

- Haben Sie jemals mitbekommen, wie ein anderer eine Chance zu höherer Effektivität vertat – nur weil ihm das Risiko eines negativen Ausgangs zu seinen Ungunsten angerechnet worden wäre?
- Haben Sie schon einmal eine Gelegenheit zu besserer Leistung sausenlassen, weil Sie fürchteten, wegen angeblicher Übertretung der Vorschriften »eine reingewürgt« zu bekommen?

Laurence Peter zeigte in seinem berühmten Buch zu den Aufstiegspraktiken in Organisationen – *The Peter-Principle* (dt. *Das Peter-Prinzip*), daß letzten Endes immer die »Menschen von gestern« ans Ruder kommen. Dem Peter-Prinzip zufolge wird befördert, wer sich auf unteren Ebenen der Organisation als kompetent erweist. Er wird so lange befördert, bis er seine »Ebene der Inkompetenz« erreicht. Ausgezeichnete Nachwuchsmanager steigen so in die mittlere Führungsebene auf. Dort arbeiten sie zwar nicht mehr genauso effektiv, aber immer noch gut genug, um sich für eine weitere Beförderung zu empfehlen. Schließlich werden sie in eine leitende Position gehievt, der sie dann nicht mehr gewachsen sind. Und so stehen schließlich nur noch Inkompetente an der Spitze von Organisationen.

Die Wirklichkeit aber ist noch schlimmer als die von *Peter* so pointiert formulierte. Die Inkompetenten bleiben auch in ihrer höheren Position bei den Verhaltensweisen, die ihnen in der Vergangenheit Erfolg eingebracht haben. Eine höhere Position aber stellt andere Anforderungen an ihren Inhaber. Gefragt sind hier Führungsqualitäten, kreatives Denken, Entschlußkraft und auch die Bereitschaft, Risiken einzugehen. Gerade diese Eigenschaften aber werden dem Manager in seinen jungen Jahren meist systematisch abgewöhnt. Und so bleiben die Inhaber leitender Positionen dem Ballast verhaftet, der ihnen schon in jungen Jahren in Fleisch und Blut übergegangen ist: durch- und weiterkommen und eine saubere Weste behalten.

Hochgelobte Führungskräfte, die ihrer Aufgabe nicht gerecht werden, sind trauriger Alltag. Im Bemühen darum, eigene Zeichen zu setzen und ihre Beförderung zu rechtfertigen, suchen sie verzweifelt nach Aufgaben, die sie ausführen können. In der »Ausführung«, eine reine Mitarbeiteraufgabe, fühlen sie sich wohler als in der »Führung«. Dadurch aber entsteht Doppelarbeit. Besser wäre es gewesen, wenn sie diese Energie in die Führung ihrer Mitarbeiter gesteckt hätten. Schlimmer noch als die Doppelarbeit aber ist die Auswirkung auf die Nachwuchsmanager. Ihr Initiativ- und Kreativitätsspielraum wird durch die Aufmerksamkeit des Chefs, der ihre Arbeit am liebsten selbst erledigen würde, bestenfalls eingeengt. Schlimmstenfalls gehen sie in die innere Emigration.

Als ob all dies noch nicht genug wäre, wird das Problem der ranghöheren Positionsinhaber auf den oberen Rängen auch noch durch Veränderungen in den Arbeitsabläufen verschärft: Nichts ist mehr so, wie es einmal war, als er noch in einer unteren Position zu den Lernenden zählte. Aber nur wenige Organisationen können fortbestehen und gedeihen, wenn sie an dem festhalten, was immer schon war. Rezepte, die in der Vergangenheit zum Erfolg führten, sind auf unsere heutige Welt übertragen nicht mehr anwendbar. Unsere heutigen Ansprüche sind nur selten mit Lösungen aus der Vergangenheit zu bewältigen.

Ein Manager in leitender Position wird auch in anderem Sinne ein »Mensch von gestern« sein. Sein ÜBER-ICH ist in den Gepflogenheiten vergangener Tage verwurzelt. Dabei wissen die Neuen meistens besser, mit welchen Herausforderungen die Organisation von heute tatsächlich konfrontiert ist. Dazu ein einleuchtendes Beispiel: Ich war dabei, wie der leitende Mitarbeiter eines großen Softwarehauses darauf bestand, daß eine Programmserie nach seinen Regeln auszutesten war, Regeln, die ihm als jungem Programmierer zu einem Zeitpunkt eingebleut wurden, als es nur Großrechner gab. Deren kostenintensive und zeitaufwendige Verfahren waren in der modernen Welt der Kleincomputer jedoch inzwischen überflüssig geworden. Er jedoch war der Chef und »mußte es besser wissen«. Natürlich setzte er seinen Willen durch. Das Projekt verzögerte sich – aber sein ÜBER-ICH war es zufrieden.

Organisationspolitik

Zu den größten Problemen des siegeswilligen Managers gehört die Geschichte seiner Sozialisation. Im ÜBER-ICH hat sich die Vorstellung verankert, daß wir unsere eigensüchtigen Wünsche zugunsten des Allgemeinwohls zurückstellen müssen. Unsere Gesellschaft ist aber so angelegt, daß wir diesen mächtigen und selbstsüchtigen Trieb nur über die Zugehörigkeit zu Organisationen beherrschen können – zunächst in der Schule und dann in der Organisation, in der wir unseren Lebensunterhalt verdienen. Ziel dieses Kapitels aber war und ist die Erkenntnis, daß die Loyalität zur Organisation völlig fehl am Platze ist.

Aus Ihrer eigenen Erfahrung mit Organisationen werden Sie festgestellt haben, wie machtlos der einzelne gegen ihre scheinbar unendliche Macht ist. Die Organisation beherrscht Ihr Leben, und wenn Sie sich nicht fügen, wird Ihnen auch noch das zum Leben Notwendigste vorenthalten. Sie werden wissen, daß das Gefühl der Entfremdung in Organisationen gang und gäbe ist. *Robert Blauner* beschreibt Entfremdung als Gefühl der »Machtlosigkeit, Bedeutungslosigkeit, Isolation und Selbstentfremdung« Ich sage dazu: »Ich habe die Nase voll davon, daß andere mein Leben bestimmen«. Dies mag durchaus auf sachliche Art und Weise und ohne Böswilligkeit geschehen. Das Ergebnis aber bleibt das gleiche. Organisationen sind ihrem Wesen nach unvereinbar mit der individuellen Existenz des einzelnen.

Dies ist kein Aufruf zu offener Rebellion. Ganz im Gegenteil: Ich habe bereits betont, daß Sie Lippenbekenntnisse zur Organisation und den geltenden Regeln ablegen müssen. Sie müssen lernen, in der Öffentlichkeit als ihr vehementer Anhänger aufzutreten. Dazwischen aber müssen Sie Möglichkeiten finden, Ihre eigenen Ziele zu verfolgen. Tun Sie so, als ob Sie die Effektivität schätzen, die von Ihren inkompetenten Vorgesetzten als solche definiert wird. Stellen Sie fest, wie Sie die Organisation zu Ihren Gunsten manipulieren können. Spielen Sie das organisationspolitische Spiel mit, und setzen Sie es für Ihre Zwecke ein.

Ziel dieser Strategie ist es, persönliche Macht zu erlangen. Die Vorteile rangieren von geringfügig (Parkplatz auf dem Firmengelände oder ein größeres Büro) bis bedeutend (schnellere Beförderung). Es wäre dumm von Ihnen, die Organisationspolitik außer acht zu lassen. Sie treffen überall auf sie. Noch wichtiger aber ist, daß Sie Bescheid wissen über das, was die Menschen in Ihrem Umfeld tun. Die Opfer gewiefter Politiker merken meist erst hinterher, daß sie hereingelegt wurden.

Wie können Sie sicherstellen, daß Sie nicht zu einem derartigen Opfer werden? Sie müssen natürlich Ihr eigenes Spiel planen. Der siegesgewohnte Manager hält sich an folgende Richtlinien:

Auffallen:

Viele Verlierer sind Mauerblümchen, denen es nicht gelingt, die Aufmerksamkeit der Mächtigen auf sich zu lenken. Sie mögen ihre Sache gut machen, aber die, auf die es ankommt, merken es nicht. Sie müssen Ihren Vorgesetzten daher laufend von den von Ihnen erzielten Ergebnissen berichten. Noch wichtiger aber ist es, bei ihnen einen positiven Eindruck zu erwecken und aufrechtzuerhalten. Statusberichte sollten auf das Wesentliche beschränkt werden: Ihre Leistungen und Erfolge. Nehmen Sie an allen gesellschaftlichen Ereignissen der Firma teil, auch wenn sie noch so langweilig sind. Pflegen Sie Ihre Beziehungen zu den Mächtigen. Vielleicht lassen sie sich als Verbündete im Kampf um Beförderung oder Zuschlag eines Projektes einsetzen. Sie dürfen jedoch nie den Eindruck eines eingebildeten Angebers erwecken. Bleiben Sie in strittigen Situationen immer gelassen.

Selbstdarstellung ist lebensnotwendig:
Respektieren Sie immer die Organisationskultur. Sie ist die Gesamtheit der Normen, die Organisationsmitglieder zu beachten haben. Wenn Sie sich an diese Normen halten, sind Sie (nach außen hin) ein gutes und loyales Mitglied der Organisation. Durch Einhalten der »Insider«-Regeln läßt sich der Rebell in Ihnen tarnen. Wer sich nicht regelkonform verhält, hat schlechte Beförderungsaussichten und riskiert damit unter Umständen sogar seinen Job.

Solche Kriterien werden allerdings nur selten in schriftliche Form gefaßt. Es ist jedoch nicht sonderlich schwer, sich an die jeweiligen kulturellen Gegebenheiten anzupassen. Man kleidet sich so wie die anderen, spricht so wie die anderen und stellt fest, welches Maß an Initiative in riskanten Situationen angebracht ist. Aber seien Sie auf der Hut! Sie dürfen sich nicht nach Ihren Kollegen richten. Deren Meinung über Sie ist nicht wichtig. Orientieren Sie sich an Ihren Vorgesetzten. Es ist deren Kultur, in die Sie sich einpassen müssen wie ein Chamäleon. Die Bedürfnisse, Wünsche und Werthaltungen der Machtlosen sind für Sie ohne Bedeutung. Lassen Sie sie unbeachtet.

Komplimente machen (auch dem Gegner):
Wer »Goodwill« schaffen will, muß auch schmeicheln können. Auf diese Weise erlangt man selbst die Gunst des Gegners.

Der Gegner hat beispielsweise gerade Ihren Vorschlag zu einem wichtigen neuen Projekt abgelehnt. Was tun Sie? Sie beugen sich und tun so, als erkennten Sie seine Überlegenheit an. Das tut seinem Ego gut. Sie haben damit die Chance erhöht, daß er Ihre Vorschläge nochmals überdenkt. Jedenfalls wird er in Zukunft Ihre Ideen bereitwilliger bedenken. Nicht vergessen: Nur Verlierer »backen kleine Brötchen«.

Sichern Sie sich einen Gönner:
Der Gönner steht in der Hierarchie über Ihnen. Er wird geachtet und hat Erfahrung. Er hat es nicht mehr nötig, auf Ihrer Ebene »politisch« mitzumischen. Er kann fundierte Ratschläge geben und Ihr Vorankommen unterstützen. Mögliche Rivalen werden Sie nur ungern herausfordern, wenn Sie einen solch mächtigen Verbündeten haben. Bedenken Sie jedoch, daß Ihre Chancen, sich einen Gönner zu sichern, gering sind, wenn Sie nicht selbst für Aufmerksamkeit sorgen. Der Gönner hat die Wahl – und nicht umgekehrt. Er wird Sie nur dann unterstützen, wenn Sie aus den richtigen Gründen Beachtung finden.

Dem Chef nie in den Rücken fallen:
Auch wenn Sie sich in Ihrer Phantasie ausmalen, wie der Chef Ihnen »den Buckel runterrutschen kann«, müssen Sie ihm immer die Stange halten, denn er bestimmt Ihre unmittelbare Zukunft. Die übrigen Mitspieler auf dem büropolitischen Spielfeld sind nur allzu bereit, dem Chef jegliche abfällige Bemerkung zu hintertragen. Wird Ihr Chef befördert, wird er Sie, wenn Sie ihn unterstützt haben, auf dem Weg nach oben mitnehmen. Wenn er allerdings allgemein als schwach gilt, kommen Sie lieber um eine Versetzung ein, weil Sie Ihre Talente in einem anderen Bereich besser entfalten können.
Den Anschein von Illoyalität aber dürfen Sie niemals erwecken. Ihr Chef ist vielleicht gar nicht so dumm, wie Sie denken. Vielleicht hat er ja einen Verbündeten an noch höherer Stelle ...

Sammeln Sie eine Gruppe von Protegés:
So wie Sie einen Gönner brauchen, brauchen auch andere unterhalb Ihrer Hierarchiestufe Gönner. Beide Seiten können hervorragend davon profitieren. Sie bieten Rat, Unterstützung und Hilfe zum Aufstieg auf der Karriereleiter an. Sie geben ihnen dafür Rückendeckung. Noch wichtiger aber ist, daß Ihre Protegés Sie darüber aufklären, was weiter unten läuft. Diese Informationen brauchen Sie, wenn Sie Ihren Gegnern immer einen Schritt voraus sein wollen. Man kann ja nie wissen!
Vielleicht wird Ihnen einer von Ihnen eines Tages vor die eigene Nase gesetzt – und dann verkehren sich die Rollen. So oder so – verlieren können Sie dabei nicht.

5 Siege sind planbar

Als Sieger weisen Sie sich vor allem durch eine Eigenschaft aus: Ihr Arbeitsplan richtet sich stets an Ihrem Ziel aus, mehr Macht für sich selbst zu gewinnen. Aber denken Sie daran, daß dies nicht immer gleichbedeutend mit dem ist, was allgemein darunter verstanden wird: »über etwas Macht zu haben«. Es bedeutet vor allem, daß Sie Ihr Schicksal selbst bestimmen, selbst zu entscheiden, was Sie wollen, und dann sicherzustellen, daß Sie es nach Ihren Regeln und Bedingungen – und nicht nach denen anderer – erreichen. Während einige Vorstandsvorsitzende werden und den damit verbundenen Wohlstand und Status genießen wollen, streben andere vielleicht danach, Entscheidungen beeinflussen zu können oder ihre Arbeit so machen zu können, wie sie es wollen. Vielleicht ist das Ziel auch einfach nur Macht, um anderen in der Organisation Widerstand entgegensetzen zu können.

Daraus ergibt sich automatisch, daß Sie sehr genau wissen müssen, was Sie wollen. Sie wollen nicht dem üblichen Trugschluß der Verlierer unterliegen und genau das machen, was Ihre Umwelt auch macht? Dann müssen Sie Zeit und Mühe aufbringen, um einen genauen Plan zu erarbeiten, wie Sie Ihre Umgebung lenken wollen. Am Anfang Ihrer Karriere als siegreicher Manager müssen Sie sich ein genaues Bild davon machen, was Sie von dem System für sich erwarten.

Es ist kein Selbstzweck, Ihr Ziel in Form des Weges festzulegen, den Sie einschlagen werden, um die Kontrolle über Ihr Leben zu gewinnen. Ziele sind nutzlos für Sie, solange Sie sie nicht zu richtungweisenden Prinzipien erheben. Ihr Wunsch, die Kontrolle über Ihr Leben zu gewinnen, muß Dreh- und Angelpunkt all Ihres Tuns in der Organisation sein. Von jetzt an muß all Ihr Handeln als Manager nicht daran gemessen werden, wie weit es dem ÜBER-ICH Ihrer Vorgesetzten schmeichelt, sondern daran, wie weit es Ihnen dabei dient, Ihr Ziel - Macht - zu erreichen. Dies muß das einzige Kriterium für Ihr Handeln werden.

Die Entscheidung, in der Organisation Macht anzustreben und auch zu gewinnen, ist von essentieller Bedeutung. Ohne diese Entscheidung werden andere für Sie entscheiden, wie Sie sich tagtäglich zu verhalten haben. Die unterschiedlichen Gruppen, die Ihr Verhalten beeinflussen wollen, werden Sie in eine Richtung drängen, in der Ihr Handeln am meisten den Zielen der entsprechenden Gruppe nutzt. Die Organisation selbst wird Sie dahin drängen, sich so zu verhalten, wie gute Mitglieder der Organisation es schon immer getan haben.

Das Wissen darum, was Sie von der Organisation wollen, gibt Ihnen eine besonders mächtige Waffe in die Hand, denn Ihren Gegnern ist dieses Wissen nicht zugänglich. Die Verlierer in Ihrer Umgebung haben diese Wahl nicht; sie sind zu beschränkt, zu verschüchtert, zu feige oder durch die Ängste ihres eigenen ÜBER-ICHs zu sehr eingegrenzt. Das versetzt Sie jedoch in Ihrem Umgang mit ihnen in eine starke Position. Anstatt nun wie ein Verlierer auf die Imperative im Leben eines Managers nur zu reagieren, können Sie jetzt agieren. Damit haben Sie schon einen großen Schritt zum Erfolg getan.

Wladimir Iljitsch Lenin ist vielleicht eines der besten Beispiele für einen Sieger. Während andere sich mit abstrakter politischer Philosophie begnügten, war sein Ausgangspunkt eine klar definierte Vorstellung davon, was getan werden müsse. Unabhängig davon, ob man ihn verehrt oder verachtet: Er hat die Welt verändert. Mit Zielstrebigkeit und Engagement hat er genau das getan, was er zu tun angekündigt hatte. Der Erfolg seines Handelns lag darin begründet, daß er zunächst einmal ganz genau wußte, was er wollte. Wie alle siegreichen Menschen hatte er eine Vision, die er dann ohne Wenn und Aber verfolgte.

112

Wenn Sie noch eine weitere Bestätigung dafür brauchen, daß Sie Ihre Ziele ganz genau definieren müssen, lesen Sie bei *Peter Drucker* nach, dem Propheten des effektiven Managements. In seinem Buch *The Effective Executive* zeigt er, daß das Fehlen von eindeutig definierten Managementzielen, an denen sich Handeln orientieren kann, zu einem Ausufern von sich widersprechenden Ideen darüber führt, was zu tun sei. Für *Drucker* ist dies das sichere Rezept für das Scheitern eines Unternehmens oder einer Organisation. Als Negativbeispiele hierfür führt er die verstaatlichten Unternehmen British European Airways (BEA) und British Overseas Airways Corporation (BOAC) an, die beide vor dem totalen Zusammenbruch standen, ehe sie im Rahmen der massiven Umstrukturierungen der sechziger Jahre gerettet wurden.

Diese Fluggesellschaften schienen ohne Plan und Ziel zu handeln. *Drucker* nennt vier Ziele, die man in ihrem »kollektiven Gedächtnis« finden konnte: Gewinn, Dienst am Kunden, Unterstützung der Luftfahrtindustrie im Vereinigten Königreich und die Erhaltung der weltweiten britischen Präsenz an den internationalen Flughäfen. Diese vier Ziele sind aber nach *Drucker* unvereinbar. Da die Manager dieser Unternehmen nicht den Versuch machten, sich darüber klarzuwerden, was denn nun ihr Geschäft sei, ließen sie sich einfach vom sogenannten »gesunden Menschenverstand« leiten. Das Prinzip war: Wir wissen doch alle, was zu tun ist. Das Ergebnis allerdings war eine Katastrophe. Wenn Sie an den Einzelheiten interessiert sind, kann ich Sie nur auf *Druckers* Buch verweisen. Aber lassen Sie mich zwei Probleme herausgreifen, die sich aus diesem falschen Selbstverständnis der BOAC ergaben:

Noch aus den Tagen des British Empire, in dem die Sonne niemals unterging, sah die BOAC es als ihre Verpflichtung an, einen Flugdienst in alle Teile des Commonwealth zu gewährleisten. Die Tatsache, daß auf den meisten dieser Routen nur wenige Passagiere reisen wollten, bedeutete, daß die Fluggesellschaft fortwährend Flugzeuge von den geldbringenden Verbindungen in Nicht-Commonwealth-Länder abzog. Das wirkte sich negativ auf die Gewinnsituation und auch auf den Dienst am Kunden aus.

Das Ziel der Unterstützung der britischen Luftfahrtindustrie führte dazu, daß sich die BOAC für die britische »Comet« von de Havilland entschied, den ersten Düsenjet weltweit. In seinen Anfangsjahren war dieses Flugzeug aber ein wirtschaftlicher Fehlschlag: Seine Neigung zu Rißbildungen und Abstürzen kostete das Unternehmen Riesensummen für Wartung, Instandsetzung und gestrichene Flüge. Trotzdem blieb die BOAC bei der de Havilland. Ein wirklich am Gewinn oder Dienst am Kunden orientiertes Unternehmen hätte diese kostenträchtige und gefährliche britische Verbindlichkeit abgeschrieben und den »Strato-Cruiser« der amerikanischen Boeing-Werke gekauft.

Druckers Schilderung des Scheiterns der verstaatlichten britischen Fluggesellschaften offenbart aber auch noch andere von den Managern dieser Unternehmen verfolgte Ziele. Wie viele andere Branchen auch hat die Luftfahrtindustrie eine ganz eigene Kultur. Der Zweite Weltkrieg brachte vielen Menschen das »Wunder des Fliegens« nahe. Als sie die Waffen niederlegten, gingen sie fast zwangsläufig zu den aufblühenden Fluggesellschaften wie BEA und BOAC. Dies geschah aber nicht aus Sorge um den Dienst am Kunden oder weil man dazu beitragen wollte, daß diese Gesellschaften Gewinne erzielten, sondern weil man einfach ihr »Flair« liebte.

Als diese Menschen sich dann auf Managementposten wiederfanden, waren sie immer noch von ihrer Liebe zum Fliegen besessen und vernachlässigten dabei ihre Aufgaben in der Unternehmensführung. Das Ergebnis war, daß sie mehr von der Kultur des Fliegens geleitet wurden als von der Notwendigkeit, die Fluggesellschaften zu funktionierenden und gewinnbringenden Unternehmen zu machen.

Das Unterfangen, in einer Organisation oder einem Unternehmen Macht zu gewinnen, gleicht einer Reise. Vom Moment

Ihrer Ankunft beginnen Sie, an Ihrem Ziel zu arbeiten, eine Position in der Hierarchie des Unternehmens zu erobern. Nur ein Dummkopf würde zu einer Reise aufbrechen, ohne vorher zu beschließen, wohin er denn überhaupt will. Nur ein Verlierer macht sich auf die Reise durch ein Unternehmen und überläßt dann sein Ziel den Winden und Strömungen des Managementgeschäftes. Der siegreiche Manager nimmt dagegen diese Analogie sehr ernst.

Ihre eigenen Erfahrungen:

- Kennen Sie jemanden in Ihrer Organisation, der genau weiß, was er will, und wirklich daran arbeitet?
- Kennen Sie jemanden, der den Eindruck erweckt, als wenn er nicht genau wüßte, was er wolle, und so einfach hin und her getrieben wird?
- Fragen Sie sich, wo Sie in fünf Jahren in der Organisation stehen wollen. Seien Sie ehrlich: Haben Sie darauf eine Antwort?

Planung

Denken Sie an eine wirkliche Reise. Stellen Sie sich vor, wie Sie zuerst Ihr Ziel festlegen und sich dann überlegen, wie Sie dorthin gelangen werden. Genau dies ist die Einstellung, die Ihnen bei Ihrer Reise durch das Unternehmen von Anfang an einen Vorteil verschaffen wird. Bei dem Bild der wirklichen Reise bleibend, lassen Sie mich Ihnen ein Beispiel aus meiner eigenen Erfahrung geben: mein Umzug von Oxford nach Glasgow, wo ich eine neue Stelle antreten wollte. Die Karte sieht wie folgt aus:

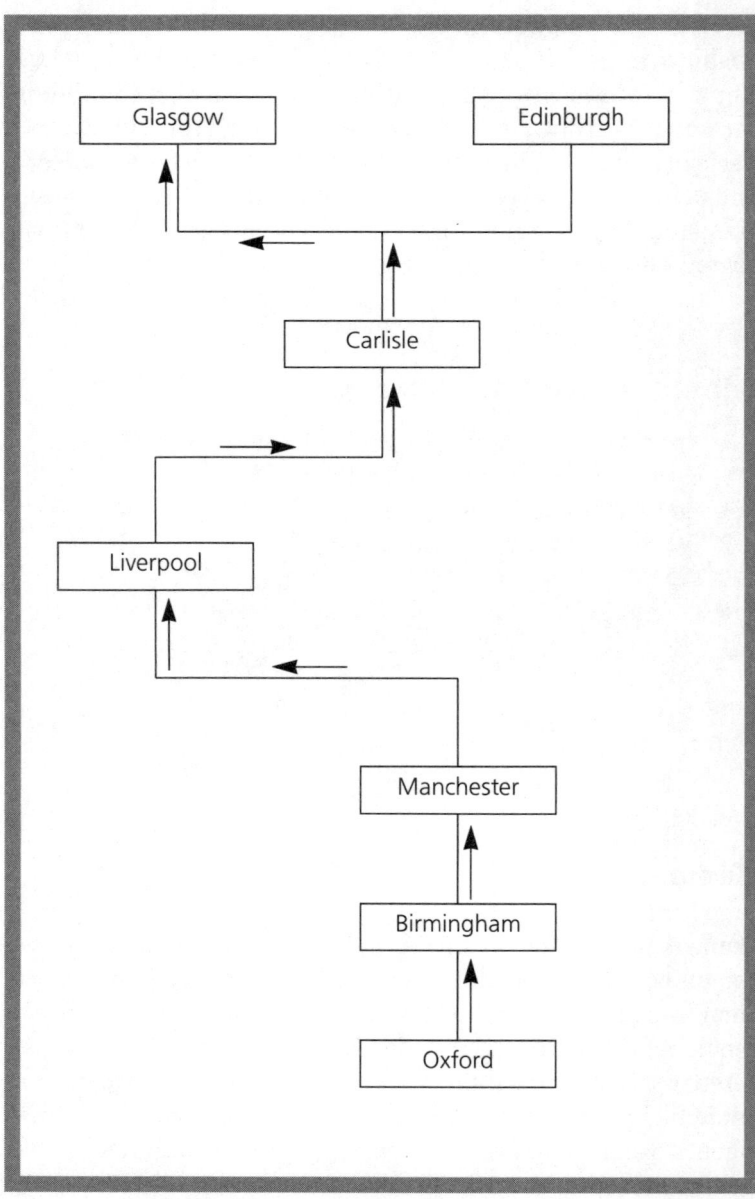

Abb. 19

116

Wie jeder vernünftige Reisende hatte ich bereits entschieden, wohin die Reise gehen sollte. In meinem Herzen wurde die Reise zurück nach Schottland durch die Sehnsucht nach dem vertrauten, stilvollen, weltoffenen Edinburgh - dem Athen des Nordens - mit seinem charmanten Selbstbewußtsein einer Hauptstadt geprägt. Aber vor mir lag das gewählte Ziel, das industriell geprägte Glasgow. So sehr ich mir auch wünschte, nach Osten zu reisen, es würde mir nicht dabei helfen, mich dahin zu bringen, wo meine neue Stelle war - weiter westlich. Deshalb mußte ich mich darauf, also auf mein wirkliches Ziel, konzentrieren.

Nun konnte ich mich der Frage widmen, wie ich dorthin gelangen würde. Mit dem Flugzeug? Mit der Bahn, mit Umsteigen in Birmingham? Oder sollte ich mich auf sieben qualvolle Stunden im Auto einlassen, auf Bundesstraßen, die kaum ihren Namen verdienen, und auf Autobahnen, die sich in ihre Bestandteile auflösen? Ich entschied mich für die Autofahrt, da mir dies die Freiheit gab, soviel Gepäck mitzunehmen, wie ich wollte.

Nach der Entscheidung über das Ziel und wie ich dorthin gelangen würde, bestand der nächste Schritt darin, die Reiseroute festzulegen: Birmingham, Manchester, Carlisle und dann Schottland. Damit tat ich mir einen großen Gefallen - den sich der siegreiche Teilnehmer am Organisationsspiel immer vor Augen halten sollte. Da ich mein Ziel und den Weg dorthin kannte, hatte ich wertvolle Informationen als Grundlage für mein Handeln zur Verfügung. So konnte ich es, als ich früher als erwartet in Birmingham eintraf, etwas langsamer angehen lassen. In Manchester dann war ich etwas hinter meinem Zeitplan und wußte, daß ich Glasgow nicht mehr bei Tageslicht erreichen würde. Also entschied ich mich, vor der Grenze haltzumachen. Als ich mich in Manchester verfuhr und merkte, daß auf den Hinweisschildern die Entfernung nach Liverpool immer geringer wurde, wußte ich, daß etwas schieflief. Aber endlich zeigten mir die vorbeigleitenden Hinweisschilder, daß ich mich meinem Ziel immer mehr näherte.

Und als ich dann an der ersten Ausfahrt nach Glasgow vorbeifuhr, wußte ich, daß ich fast am Ende meiner Reise angelangt war. Ich war angekommen und konnte damit beginnen, mich auf meine nächste Reise zu konzentrieren. All dies sind natürliche Schritte für jemanden, der sich auf eine wirkliche Reise begibt. Aber wie viele Manager machen sich die Mühe, darüber nachzudenken, welchen Weg sie auf ihrer Reise durch die Organisation nehmen müssen? Ihre Alternative besteht – im übertragenen Sinn – darin, ihr Auto Richtung Schottland zu stellen und dann auf Teufel komm raus loszufahren, in der Hoffnung, irgendwann schon anzukommen.

Obwohl die Notwendigkeit zu planen also offensichtlich sein sollte, wird mir bei meinen Gesprächen mit Managern, bei denen es darum geht, wie notwendig es ist, Ziele zu setzen, immer wieder entgegnet, daß dafür einfach keine Zeit sei. In dem Trubel alltäglicher Pflichten ist es aber ein essentieller Bestandteil des Erfolgs, genau zu planen, was man tun will und wohin man strebt. All Ihr Wissen um die Hindernisse auf dem Weg, Macht zu gewinnen, nutzt Ihnen nur wenig, wenn Sie es nicht dazu nutzen, zu planen, wie Sie das Spiel gewinnen wollen.

Alec Mackenzie hat zwei ausgezeichnete Bücher über Zeitmanagement geschrieben, *The Time Trap* und *Managing Time at the Top*. In ihnen zeigt er aufgrund der Ergebnisse einer Studie die Wichtigkeit einer guten Planung auf. In dieser Studie wurden zwei unterschiedliche Settings für ein Unternehmensprojekt untersucht. In dem einen lag die Betonung darauf, daß Manager Zeit für die Planung verwenden, während in einem ähnlichen Setting die Manager unter dem üblichen Druck standen, schnell handeln zu müssen, um ihre Projekte durchzuführen. *Mackenzies* Ergebnisse zeigen, wie sehr der die Planung betonende Ansatz die gedankenlose Hast des sofortigen Handelns übertrifft. Bei dem Projekt mit der »Planungskultur« wurde ungefähr doppelt soviel Zeit auf die Planungsphase verwandt wie bei dem Projekt, in dem Handeln angesagt war. Aber trotz der längeren Planungsphase, in der anscheinend nichts geschah, wurden die Projekte mit einer »Planungskultur« regelmäßig in kürzerer Zeit realisiert. Während bei dem handlungsorientierten Ansatz die Dinge schnell ins Rollen zu kommen schienen, wurden bei dem planungsorientierten Ansatz spätere Schwierigkeiten und Verzögerungen dadurch vermieden, daß ein wesentlich größerer Teil der vermeidbaren Fehler schon im Anfangsstadium ausgemerzt wurde. Außerdem wurden die planungsorientierten Projekte nicht nur schneller abgeschlossen, sondern waren auch wirtschaftlich erfolgreicher und wurden von Managern als qualitativ besser eingestuft.

Sie sehen sich wahrscheinlich dem Problem gegenüber, daß Sie in einer Managementumgebung aufgewachsen sind, in der Ihnen eine Reihe von Regeln zum ÜBER-ICH beigebracht wurde, in denen im Endeffekt schnelles Handeln mit Erfolg gleichgesetzt wurde. In unserer Kultur ist die Verkörperung des siegreichen Managers »der Mann der Tat«, der anstehende Probleme sofort und direkt angeht. Bei einem solchen Ideal bleibt nur wenig Verständnis dafür, einen Moment lang einen Schritt zurückzutreten und Probleme genau zu durchdenken. Ein einsamer Manager, der verzweifelt nach mehr Zeit und Ressourcen für Planungsaufgaben verlangt, wird daher auch kaum auf ein wohlwollendes Ohr von Vorgesetzten stoßen, die in einer handlungsbestimmten Kultur groß geworden sind.

Ihnen stehen jedoch zwei Strategien zur Auswahl. Zum einen gibt es die Bereiche, in denen Sie für die Ergebnisse verantwortlich sind. Hier müssen Sie für eine Atmosphäre sorgen, in der auf Planung verwendete Zeit und Arbeit als gut verwendet angesehen werden. Mit anderen Worten: Sie müssen sich Ihre Mitarbeiter hier wirklich heranziehen, denn auch sie werden daran gewöhnt sein, daß Ergebnisse sich eher auf Taten als auf Nachdenken gründen. Was aber noch viel wichtiger ist – Sie müssen an sich selbst arbeiten. Sie werden bei den Spielchen in Ihrem Unternehmen durch Ihr Handeln nur dann erfolgreich sein, wenn dieses Handeln als Teil eines

Plans empfunden wird. Wenn Sie dann auch noch all Ihrem Tun genau diese Planungsethik einpflanzen, werden Sie Ihr Bild als jemand stärken, der für die Organisation positive Ergebnisse produziert. Doch der Arbeitsplan eines wirklich siegreichen Managers, der sicherstellt, daß all sein Handeln dem Zweck dient, seinen eigenen Interessen zu dienen, muß auch Zeit für Nachdenken und Planen vorsehen.

Sie wünschen sich vielleicht, überhaupt Zeit zu finden, um Ihr Leben als Manager unter Kontrolle zu bekommen und endlich agieren anstatt nur auf den täglich ausgeübten Druck reagieren zu können. Eine häufig gehörte Beschwerde von Managern ist, daß sie bei all der zu erledigenden Arbeit anscheinend noch nicht einmal Zeit zum Atemholen finden. Dies aber ist eine von Verlierern oft vorgebrachte Entschuldigung dafür, daß sie es nicht schaffen, ihr Leben in den Griff zu bekommen. Hierauf kann man nur erwidern, daß es im täglichen Ablauf immer wieder Momente gibt, die für Planungsaufgaben genutzt werden könnten, die aber schlichtweg verschwendet werden.

Dies ist kein Buch über Zeitmanagement. Daher möchte mich an dieser Stelle auf den Hinweis beschränken, daß für die meisten Manager zwanzig bis dreißig Minuten Planung pro Tag genügen sollten, um ihr Managerdasein in den Griff zu bekommen. Voraussetzung ist jedoch, Sie haben sich mit Hilfe eines Planungssystems erst einmal eine bestimmte Routine zurechtgelegt. Da unser Gehirn parallel arbeitet, kann es eine Aktivität fortsetzen, auch wenn es durch Beginn einer anderen Aktivität darin unterbrochen wird. Deshalb ist es belanglos, ob Sie diese zwanzig oder dreißig Minuten am Stück nutzen oder diesen Aufgaben mehrmals am Tag drei bis fünf Minuten widmen. Dies kann sogar noch effektiver sein. Während Sie nämlich bewußt an etwas anderes denken, wird ein anderer Teil Ihres Gehirns dort fortfahren, wo Sie in Ihrer Planung unterbrochen wurden. Die Ausarbeitung eines entsprechenden Systems wird Sie nach der Lektüre dieses Buches kaum mehr als eine Stunde kosten.

Ihre eigenen Erfahrungen:

- Können Sie sich an einen Fall erinnern, bei dem der Druck zum Handeln Sie in ein Projekt hineinschlittern ließ, ohne daß Sie überhaupt die Chance hatten, es wirklich zu durchdenken?
- Womit beschäftigen Sie Ihr Gehirn auf dem Weg zur Arbeit? Wie lang ist Ihr Weg? Woran denken Sie?
- Wie verbringen Sie Ihre Zeit, wenn Sie bei einem geschäftlichen Termin, der sich verzögert, warten müssen?

Wohin wollen Sie?

Es gibt zwei Aspekte der Macht, die den nach ihr Strebenden nicht sofort offensichtlich sind. Erstens gibt es in Unternehmen und Organisationen keine »absolute« Macht. Selbst der despotischste Seniorchef ist eingeschränkt in dem, was er tun und lassen kann. Die Grenzen haben nicht nur juristische oder wirtschaftliche Hintergründe, sondern sind Teil der politischen Realitäten des Lebens in einer Organisation. Wenn man sich den Lebensstil derer anschaut, die ganz oben sind, gewinnt man oft den Eindruck, daß sie von genau den gleichen externen Kontrollkräften gelenkt werden, die für diejenigen weiter unten in der Pyramide Anlaß für Entfremdung und Frustration sind. Eine hochrangige Stelle in der Managementstruktur wird nicht automatisch eine zufriedenstellende Quelle der Macht sein.

Der zweite oft übersehene Aspekt ist der, daß die Managementpyramide nach oben hin sehr eng wird. An der obersten Spitze gibt es nur wenig Platz – aber sehr viele, die dorthin gelangen wollen. Außerdem ist vielen, die für ihre Karriere den falschen Weg eingeschlagen haben, durch das Beförderungsprocedere der Weg zum Gipfel versperrt.

Wenn Sie nun nach Mitteln suchen, um in Ihrem Unternehmen Macht zu erlangen, sollten Sie daher nicht nur die rein hierarchische Beförderung anstreben. Ein wesentlich realistischeres Ziel ist das Streben nach Einfluß. Es gibt nur wenige Manager, die ihr berufliches Dasein dadurch steuern, daß sie anderen Menschen oder Ereignissen ihren Willen direkt aufzwingen können. Es gibt jedoch auf allen Ebenen eines Unternehmens Möglichkeiten, die Sie betreffenden Entscheidungen zu beeinflussen.

Die mit bestimmten Posten verbundene Macht, Entscheidungen zu beeinflussen, kann nicht einfach an deren formaler Position in der Hierarchie gemessen werden. So ist der Einfluß der Chefsekretärin des Vorstandsvorsitzenden meist größer als der vieler Vorstandsmitglieder. In jedem Unternehmen gibt es Positionen, denen eine Schlüsselfunktion bei der Beeinflussung der Entscheidungsträger zukommt. Hier liegt dann die wahre Macht. Hier können Sie sich daranmachen, so nah wie irgend möglich an das Gehör und das Denken derjenigen zu gelangen, die das Leben in der Organisation wirklich lenken. - Oder Sie überlegen sich, ob Sie die entsprechende Position nicht selbst anstreben wollen.

Nehmen Sie ein Datum in der fernen Zukunft, sagen wir in zehn Jahren. Stellen Sie sich vor, alle Weichen seien zu Ihren Gunsten gestellt. Fragen Sie sich - mit dem Ziel vor Augen, durch Einfluß Macht in Ihrem Unternehmen zu erlangen -, welche Position Sie innehaben *sollten*. Was sind Ihre Zuständigkeiten? Welchen Zugang zu Entscheidungen haben Sie aufgrund Ihrer Stellung? Welchen durch ihre Position zu denjenigen, die die Entscheidungen treffen, die Ihr Leben in der Organisation steuern?

Die Antworten auf diese Fragen entsprechen der Wahl des Reisezieles. Wenn Sie sie ehrlich und realistisch beantwortet haben, wissen Sie, welche Richtung Sie im tagtäglichen Leben einschlagen müssen, und können jeden Ihrer Schritte daran messen, wie weit er dazu beiträgt, Ihr Ziel in der vorgesehenen Zeit zu verwirklichen. Der Weg ist weder direkt noch leicht, manchmal wird er Ihnen unerwarteterweise versperrt sein, aber jetzt haben Sie die notwendige Grundlage, um entscheiden zu können, wann ein Umweg angebracht ist und wie Sie wieder auf Ihre ursprüngliche Route zurückkommen. Wenn Sie jetzt einen Umweg machen, um den Launen irgendwelcher Kollegen nachzugeben, die nicht wirklich in einer Position sind, Sie aufzuhalten, oder eine längere, langsamere Route wählen, einfach weil jeder andere in vergleichbarer Position es auch so macht, dann ist das Ihre freie Entscheidung. Denn da Sie ein Ziel vor Augen haben, können Sie beurteilen, welche Auswirkungen solch ein Umweg auf das Erreichen dieses Zieles haben wird.

Das alles wird den meisten Managern logisch erscheinen. Trotzdem wird die tägliche Hektik oft dazu führen, daß die guten Absichten, selbst wenn sie in Stein gemeißelt wären, sehr leicht alten Gewohnheiten, der puren Zweckmäßigkeit oder dem schieren Mangel an Entschlossenheit zum Opfer fallen. Dieses ganze Nachdenken über die Zukunft hat ja oft auch etwas Erschreckendes an sich – die Aufgabe ist einfach zu groß. Vielleicht brauchen Sie anfangs Unterstützung bei der Planung Ihrer beruflichen Ziele und ein eindeutiges und effektives Hilfsmittel, damit Sie Ihr Ziel nicht aus den Augen verlieren.

Die nachfolgende Übung zu Ihren eigenen Erfahrungen soll dazu dienen, dieses von Ihnen gewählte Ziel ganz fest in Ihren Gedanken zu verankern, so daß es nicht von anderen dringenden Dingen verdrängt wird, die Ihr Bewußtsein in Beschlag nehmen. In dieser Übung müssen Sie mehr tun, als nur irgendwelchen Stationen Ihrer Zukunft Namen zu geben. Sie verlangt von Ihnen, Ihre Zukunft so zu »erfahren«, wie sie sein könnte, mit allen Bildern, Gefühlen, Geräuschen und sogar Gerüchen. Nachdem Sie dies getan haben, sollten Sie diese Erfahrungen in ein Symbol, ein Logo, umsetzen, das Sie wie ein Leitstern zu Ihrem Ziel führt. Auch hier können Sie sich wieder dafür entscheiden, es zu bestimmten Zeiten oder in bestimmten Situationen zu ignorieren – aber es wird dennoch immer dasein und Sie daran erinnern, daß Sie sich dafür entscheiden könnten, als Sieger aus dem Spiel hervorzugehen.

Ihre eigenen Erfahrungen:

● Denken Sie noch einmal über die Position nach, auf die Sie Macht durch Einfluß ausüben wollen.

● Sagen Sie nicht einfach: "Ich will Leiter Marketing werden." Denken Sie an die Bilder und Gerüche, die Sie dann umgeben werden. Stellen Sie sich vor, wie sich der Stuhl und der Schreibtisch des Leiters Marketing anfühlen werden. Denken Sie an den Geruch der Lederpolster in Ihrem Dienstwagen!

● Nehmen Sie jetzt einen Stift zur Hand und entwerfen Sie ein persönliches Logo, eine schnell hingeworfenes kleines Bild, das Sie bei seinem Anblick immer an diese Bilder, Töne und Gefühle erinnert.

Es folgen drei Beispiele für die persönlichen Logos von siegreichen Managern. Sie begannen ihren Weg zum Erfolg mit einem klaren Ziel vor Augen, das sie in ein Bild umsetzten: Dies ist das persönliche Logo eines Managers, der das Angeln, die Sonne und die Freiheit liebte. Er wollte eine Position erreichen, in der er dafür bezahlt werden würde, in sonnige Gegenden zu reisen und seinem Hobby nachzugehen. Jetzt ist er

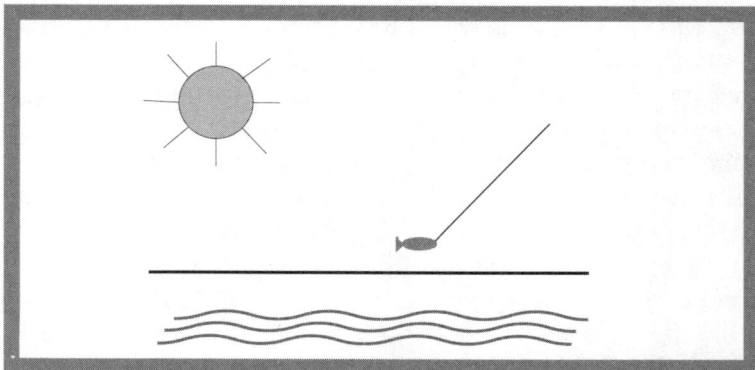

Abb. 20

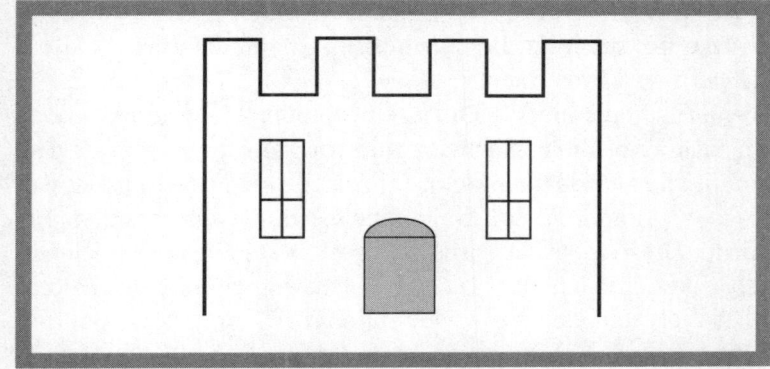

Abb. 21

Hauptverkaufsleiter für Produkte, die besonders auf den Freizeitmarkt in Spanien und der Karibik abzielen.

Das obenstehende Logo stammt von einer Frau, die für ein Unternehmen Büroeinrichtungen entwarf. Sie wollte »Königin in ihrem eigenen Schloß« sein und Schlösser oder zumindest doch ausgefallene Häuser entwerfen, ohne durch finanzielle Vorgaben allzusehr eingeschränkt zu sein. Inzwischen ist sie selbständig und bietet ihre Dienste bei der Renovierung und Umgestaltung alter Häuser an.

Dieser Mann ließ eine sichere Karriere hinter sich, um noch einmal ganz von vorne anzufangen - mit einer Hochschullaufbahn. Er wünschte sich nichts sehnlicher als die Unabhängig-

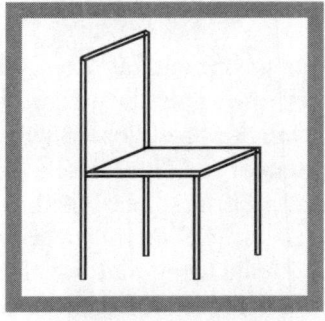

Abb. 22

keit und Ermutigung, wissenschaftlich zu forschen, also genau das zu tun, was eine Lehrstuhltätigkeit mit sich bringt. Jetzt schreibt er dieses Buch.

Wenn Sie glauben, daß ich zu sehr betone, wie wichtig es doch sei, sich klare Ziele zu setzen, und wie sehr die eigene Psyche einem alles verderben kann, führen Sie sich das Beispiel von Reg vor Augen. Er ist Einkaufsleiter einer kommunalen Behörde. Diese Position verdankt er eher seiner langen Dienstzeit (fünfzehn Jahre) als seinen herausragenden Fähigkeiten. In Anbetracht der zu erwartenden Veränderungen bei den kommunalen Behörden befürchtete er, seine Stellung verlieren zu können, und entschied sich dafür, sich nach einer Stellung in der Privatwirtschaft umzusehen, als »Leiter Vertragsvergabe« bei einer privaten Krankenversicherung. Er wurde tatsächlich auch zu einem Gespräch eingeladen.

Rein theoretisch hätte es keinen Grund gegeben, warum er die Stelle nicht hätte bekommen sollen. Er hatte Fähigkeiten, die er auch in der neuen Stelle hätte nutzen können und die seinem neuen Arbeitgeber sofort Nutzen gebracht hätten. Hierzu gehörten:

● ein ausgezeichnetes Projektmanagement,
● ein »politisches« Gespür für die Veränderungen im Gesundheitswesen,
● große organisatorische Fähigkeiten,
● ein ausgeprägtes Gefühl für Kosteneffektivität.

Bei dem Vorstellungsgespräch tat Reg sein Bestes, um sicherzustellen, daß er auch ganz bestimmt von der (nicht langen) Liste der Bewerber gestrichen würde. Als man ihn fragte, warum er glaube, für diese Stelle besonders geeignet zu sein, erwiderte er, daß er nicht wirklich sicher sei. Dann fuhr er fort, seinen Gesprächspartnern zu erklären, warum er vielleicht nicht der ideale Kandidat sei. Er führte beispielsweise an, daß er vielleicht zu alt für die Stelle sei und daß er nur begrenzte Kenntnisse im Bereich privater Krankenversicherungen habe. Er machte nicht den geringsten Versuch, sich ordentlich zu verkaufen, indem er zum Beispiel seine Fähigkeiten oder Erfahrungen betonte.

Es erscheint unglaublich, aber Reg ist bei weitem kein Einzelfall. Es gibt viele Verlierer wie ihn, deren Psyche einen eingebauten Selbstzerstörungsmechanismus hat. Reg wäre erst gar nicht zu dem Gespräch eingeladen worden, wenn seine möglichen Arbeitgeber nicht davon überzeugt gewesen wären, daß er die Stelle hätte ausfüllen können. Dennoch hatte seine eigene Psyche ihn davon überzeugt, daß er gar nicht erfolgreich sein könne. In seinem Leben gab es keine klare Richtung, noch glaubte er an seine eigenen Fähigkeiten. Ein Sieger hätte sich in einer vergleichbaren Situation ganz anders verhalten:

- Zuerst wäre er überzeugt davon, daß er die Stelle will und daß er der richtige Mann für sie ist.
- Er hätte die besonderen Bedürfnisse der Krankenversicherung recherchiert und sich Wege überlegt, wie er sie befriedigen könnte.
- Er hätte im gesamten Gespräch eine zuversichtliche und positive Einstellung erkennen lassen. Jeder, der davon überzeugt ist, ein Sieger zu sein, hat die Hälfte des Weges schon geschafft.
- Selbst wenn er den Job nicht bekommen hätte, wäre dies für einen Sieger ein relativ unwichtiger Rückschlag und nicht etwa eine große Katastrophe gewesen. Er würde analysieren, was schiefgelaufen ist, und es beim nächstenmal besser machen. Ein Verlierer dagegen würde Zeit mit dem Lecken seiner Wunden verschwenden und total gelähmt keinen neuen Versuch starten. Die Angst vor dem Scheitern wäre zu groß.

Wählen Sie also Ihr persönliches Logo, und plazieren Sie es an Stellen, an denen Sie es nicht übersehen können. Befestigen Sie es über Ihrem Schmink- oder Rasierspiegel, damit es

Ihnen jeden Morgen erneut zusetzt. Stellen Sie es auf Ihren Schreibtisch, damit es Sie bei Ihren Gesprächen mit den Sie umgebenden Verlierern daran erinnert, daß Sie nicht beabsichtigen, noch länger mit ihnen auf einer Stufe zu stehen. Das Logo sollte das erste sein, was Sie sehen, wenn Sie Ihren Timer aufschlagen.

Wege und Hindernisse

In diesem Kapitel habe ich Ihnen gezeigt, wie Sie eine Karte Ihres Weges durch die Organisation erarbeiten, um zu Ihrem Ziel zu gelangen. Eine Beschreibung des Weges, bei dem die Geographie des Unternehmens klar strukturiert ist, zeigt Ihnen, was zwischen Ihrer jetzigen Position und dem zukünftigen Ziel liegt. Sie können nun ganz deutlich erkennen, wie sich Ihre Vorstellung in den entsprechenden Positionen ausdrückt, die auf Ihrem Weg liegen. Sie werden auch herausarbeiten können, welche Herrschaftsbereiche, in Positionen ausgedrückt, Ihren Weg kreuzen und nach welchen Spielregeln diese Positionen geführt werden.

Genauso wie jemand, der eine Reise plant, ein klares Bild von seinem Weg zum geplanten Ziel hat, müssen Sie eine organisatorische Wegkarte erarbeiten. Sie brauchen eine klare Vorstellung von der Position, die Sie am Ende Ihrer Reise anstreben. Gehen Sie dann von diesem Punkt aus rückwärts vor, und Sie können sehen, welche Positionen Sie eingenommen haben müssen, um Ihr Ziel zu erreichen. Dann sind Sie in der Lage, die jetzigen Positionsinhaber festzustellen und zu sehen, wie diese zu den entsprechenden Stellungen gelangt sind. Sie können erkennen, welche Qualifikationen, Fertigkeiten und besonderen Eigenschaften bei den anderen für die Beförderung auf die entsprechende Position sorgten. Genau diese Eigenschaften aber könnten auch Ihnen weiterhelfen.

Die möglichen Hindernisse, die Ihnen ein Fortschreiten auf Ihrem Weg erschweren könnten, liegen in Ihnen selbst, in

Ihrer eigenen Psyche. Wie wir schon in Kapitel 2 gesehen haben, ist jeder sich selbst der ärgste Feind. Jeder von uns trägt in sich bereits die Samen des Versagens in Form einer Verlierermentalität. Auf einer bestimmten Ebene wären wir vielleicht alle gerne Sieger, aber unser Gefühl für Konformität, unsere Ängste darüber, was andere von uns denken mögen, und unser heimtückisches ÜBER-ICH haben uns gelehrt, andere Prioritäten zu setzen. Deshalb besteht der erste Schritt bei der Erkennung der Hindernisse auf dem Weg zum Sieg darin, nach innen zu schauen und die Barrieren zu erkennen, die unser eigenes ICH errichtet hat. Fragen Sie sich jedoch ehrlich, welche Loyalitäten oder Freundschaften Ihnen mehr wert sind als die Erreichung Ihres Zieles, welche althergebrachten Regeln Sie nicht brechen würden, um zu Ihrem Ziel zu gelangen.

Das ist normalerweise eine schwierige und auch schmerzhafte Aufgabe. Es ist viel einfacher herauszufinden, wo die eigenen Kenntnisse und Fertigkeiten noch aufpoliert werden müssen. Sie sollten Ihre Fähigkeiten genau unter die Lupe nehmen und untersuchen, ob sie mit denen, die an Ihrem Ziel verlangt werden, übereinstimmen.

Sie werden wahrscheinlich erst nachweisen müssen, daß Sie untergeordnete Stellen erfolgreich ausgefüllt haben, bevor man Ihnen verantwortungsvollere Positionen übertragen kann. Es gibt vielleicht Seitwärtsbewegungen innerhalb Ihres Unternehmens, die Ihnen zu wertvollen Erfahrungen verhelfen werden. Gleichzeitig können Sie jedoch Entschlossenheit zeigen, den Anforderungen anspruchsvollerer Tätigkeiten gerecht werden zu wollen. Vielleicht melden Sie sich aber auch freiwillig für Sonderprojekte, um zusätzliche Erfahrungen – und den damit einhergehenden Ruf – sammeln zu können. Nur Sie können beurteilen, welche Fähigkeiten und Erfahrungen Ihnen selbst nützlich sein werden. Die Zeit, sie auszuwählen, haben Sie jedoch während der Planung des Wegs zum Ziel und nicht erst, wenn Sie nicht befördert wurden, weil sie die entsprechenden Fähigkeiten und Erfahrungen nicht aufweisen konnten oder weil Sie Zeit beim Erwerb der falschen verschwendet haben. Stellen Sie sich das Ganze als Ausarbeitung eines Lebenslaufs vor, der als Eintrittskarte für Ihre Vision der Zukunft dient.

Ihre eigenen Erfahrungen:

- Welche Positionen liegen zwischen Ihnen und Ihrem Ziel? Erstellen Sie eine Art »Reiseroute«, beginnend mit Ihrer jetzigen Stellung und endend mit Ihrer gewünschten Zielposition.
- Wer sind die jetzigen Positionsinhaber? Merken Sie sich die entsprechenden Namen zu den einzelnen Positionen.
- Wie sind sie dorthin gelangt? Welche Qualifikationen, Fähigkeiten und Eigenschaften führten zu ihrer Beförderung?

Umsetzung Ihres Zeitplans

Nachdem nun feststeht, wohin Sie wollen und welche Hindernisse auf Ihrem Weg zu überwinden sind, müssen Sie sich jetzt ganz und gar darauf konzentrieren, mit welchen Mitteln Sie Ihr Ziel erreichen wollen. Der Rest dieses Kapitels soll Ihnen einen Weg aufzeigen, wie Sie Ihre Vision der Zukunft in praktische Schritte umsetzen können, wie Sie sich genau mit dem Hier und Jetzt als Grundlage für Ihren Erfolg auseinanderzusetzen haben.

Ihr Erfolg als Manager hängt von Ihrer Fähigkeit ab, sich auf das Notwendige zu fokussieren. In Ihrer Position wird es eine Reihe von Kernbereichen geben, die für Ihren Erfolg von grundlegender Bedeutung sind. Diese Kernbereiche müssen Sie erkennen und sich auf sie konzentrieren. Gleichzeitig werden Sie sich aber auch mit einer ganzen Reihe sehr bescheidener Tätigkeiten herumschlagen müssen, die Ihnen entweder von Ihrem Vorgänger vererbt wurden oder die Ihnen Ihr ÜBER-ICH oktroyiert hat, weil es von der falschen Voraussetzung ausgeht, daß Ihre Daseinsberechtigung in der Organisation wohl kaum darin liegen kann, nur die eigenen Ziele zu verfolgen.

Sie müssen also sehr rasch eine Methode finden, um klar zu entscheiden, was Ihnen bei Ihrem weiteren Fortkommen hilft und was eine Verschwendung an Zeit, Energie und Konzentration bedeuten würde. Das letztere sollten Sie zu den Akten legen, entsorgen – genauso wie ein Reisender sein Gepäck reduziert, um nicht das Limit für Freigepäck zu überschreiten.

Ihre eigenen Erfahrungen:

- Suchen Sie ein Beispiel für etwas, was Sie tun, das von grundlegender Bedeutung für die Erfüllung Ihrer Aufgabe, Ihre Beförderungsmöglichkeiten oder den »Goodwill« Ihrer Vorgesetzten ist.

- Suchen Sie auch ein Beispiel für einen Teil Ihrer Arbeit, der anscheinend völlig unwichtig ist. Was geschähe, wenn diese Arbeit nicht mehr getan würde? Würde irgend jemand von Bedeutung es merken oder als wichtig erachten?

Um solche Entscheidungen für Ihren gesamten Aufgabenbereich treffen zu können, müssen Sie sehr genau die zentralen Punkte Ihrer Arbeit kennen. Sie dürfen allerdings nicht die traditionellen Maßstäbe anlegen, die Ihnen wahrscheinlich von jemandem mit eigenen Vorstellungen von der Welt, wie sie sein sollte, überliefert wurden. Grundlage hierfür darf einzig und allein Ihre Vision der Zukunft sein und was Sie tun müssen, um sie zu realisieren.

Die so gefundenen zentralen Kernbereiche werden dann Grundlage für Ihre Planung sein. Die Liste sollte nicht weniger als sechs und nicht mehr als acht Elemente enthalten. Weniger als sechs Elemente bedeutet, daß Sie irgendeine Station auf Ihrem Weg zum Ziel vergessen haben. Bei mehr als acht Elementen ist es meist schwierig, sie alle im Hinterkopf parat zu haben. Es ist jedoch von essentieller Bedeutung, daß Sie keinen Kernbereich übersehen.

Da dies ein rein praxisbezogener Ansatz ist, möchte ich Ihnen auch ein Beispiel aus der Praxis geben. Jeder Manager hat eine andere Aufgabe zu erfüllen, aber ich habe mich entschieden, Ihnen ein Beispiel aus dem Bereich zu liefern, in dem ich mich am besten auskenne: Management im Hochschulbereich. Wenn Sie die Übung machen, werden bei Ihnen natürlich ganz andere Punkte auf der Liste stehen. Mein Beispiel liefert sieben Kernbereiche, die ein Dozent an einer Universität, ein untergeordneter Manager an einer Hochschule, als seine Richtschnur ansehen sollte, wenn er einen Lehrstuhl anstrebt.

① *Lehre*
② *Verwaltungsaufgaben*
③ *Forschung*
④ *Veröffentlichungen*
⑤ *Suche nach Geldgebern*
⑥ *Eigene Weiterentwicklung*
⑦ *PR-Arbeit*

Was steht nun hinter jedem einzelnen Punkt?

① *Lehre:*
Sie ist von zentraler Bedeutung für Ihre jetzige Tätigkeit und für Ihre Vision. Man muß den Eindruck haben, daß sie diese Aufgabe gut erfüllen und mit den neuesten Lehrmethoden voll vertraut sind.

② *Verwaltungsaufgaben:*
Können Sie neue Veranstaltungen entwickeln und durchführen? Können Sie bereits bestehende handhaben? Das kann zu einem Schlüsselfaktor für Ihre Beförderung werden.

③ *Forschung:*
Lehrstühle gehen an Akademiker, die gute Forschungsarbeit leisten. Sie können nicht die Augen vor der Notwendigkeit verschließen, selbst an Forschungsprojekten mitzuarbeiten.

④ *Veröffentlichungen:*
Die Qualität von Forschungsarbeiten wird daran gemessen, wie oft sie in den entsprechenden Fachjournalen erwähnt werden.

⑤ *Suche nach Geldgebern:*
Moderne Universitäten müssen Gelder aus einer ganzen Reihe von Quellen schöpfen. Als Nachweis Ihrer Eignung für einen höheren Posten müssen Sie zeigen, daß Sie zum Beispiel Forschungsstipendien an Land ziehen können.

⑥ *Eigene Weiterentwicklung:*
Welche Fähigkeiten fehlen Ihnen noch, damit Sie Ihrer jetzigen Position gut gerecht werden können? Was können Sie tun, damit man von Ihnen den Eindruck gewinnt, daß Sie etwas dafür tun, um für höhere Positionen entsprechend gerüstet zu sein?

⑦ *PR-Arbeit:*
In den obengenannten Bereichen gut zu sein ist nur die halbe Miete. Wen müssen Sie überzeugen, daß Sie gut sind, damit Sie die entsprechende Anerkennung gewinnen? Wie können Sie die Aufmerksamkeit der entsprechenden Personen auf sich lenken? Wer und was mag beim Aufbau einer guten Reputation hinderlich sein?

Wenn Sie sich die Zeit nehmen und genau über die für Ihren Karriereweg durch die Organisation notwendigen Kernbereiche nachdenken, werden Sie erkennen, daß sich aus dem Ergebnis eine Reihe klarer Regeln für Ihr Vorgehen ergibt. Erstens wird die Liste Sie daran erinnern, wo Sie nach Aufgabenstellungen suchen sollten, die Ihnen dabei helfen werden, Ihre Vision Realität werden zu lassen. Zweitens – und das ist genauso wichtig – werden Sie dadurch die Aufgabenstellungen zu erkennen, für die Sie *keine* Zeit verschwenden sollten. Wenn sich eine neue Möglichkeit ergibt, sie aber nicht in Ihr Konzept paßt – vergessen Sie sie! Falls Sie gezwungen werden sollten, sich doch mit ihr zu beschäftigen, verwenden Sie sowenig Zeit und Mühe wie möglich auf sie,und heben Sie sich Ihre Energien für die eigenen Ambitionen auf.

Ihre eigenen Erfahrungen:

● Führen Sie mindestens sechs Kernbereiche auf, die für Ihre Arbeit von essentieller Bedeutung sind und die zur Umsetzung Ihrer Vision beitragen werden.
● Warum sind sie so wichtig?

Nachdem Sie Ihre Liste fertiggestellt haben, müssen Sie sicherstellen, daß sie sich auch tatsächlich in Ihrem Handeln niederschlägt. Sie dürfen nie vergessen, daß es keine Entschuldigung dafür gibt, Ihre Energie nicht in die Bereiche zu stecken, die Sie als wichtig eingestuft haben – auch wenn Sie bei weitem keine einfachen Aufgaben darstellen. Kein einziger Punkt Ihrer Liste darf jemals Ihrer Aufmerksamkeit entgehen. Deshalb sollten Sie Ihre Aufstellung der Kernbereiche ganz vorne in Ihrem Timer abheften, gleich neben Ihrem Logo, damit Sie beides immer vor Augen haben. Schreiben Sie die Liste mit Bleistift, damit Sie bei sich ändernden Umständen Punkte streichen oder hinzufügen können.

Da Ihr Leben als Manager beileibe nicht statisch, sondern eher dynamisch ist und Dinge, die heute äußerst wichtig sind, schon morgen nicht mehr relevant sein können, müssen Sie Ihre Liste regelmäßig überarbeiten. Schauen Sie sich Ihre Liste deshalb einmal pro Woche - etwa in einer jener Zeitspannen, die Sie sonst verschwendet hätten - sehr sorgfältig an. Fragen Sie sich, was Sie in der vergangenen Woche in jedem einzelnen der Kernbereiche getan haben. Überlegen Sie sich, ob die Kernbereiche immer noch genau diejenigen sind, die Sie auf Ihrer Reise voranbringen werden. Oder gibt es Bereiche, die nicht mehr wichtig sind? Gibt es andere Bereiche, die Ihren Interessen weitaus dienlicher sein könnten?

Handeln, um zu siegen

Ihr Ziel ist es, zu agieren - nicht zu reagieren. Anstatt ein Rädchen in der Organisation zu sein, müssen Sie Mittel und Wege finden, damit die Organisation für Sie arbeitet. Nachdem Sie einmal erkannt haben, welches die Kernbereiche sind, in denen Ihre Bemühungen belohnt werden, müssen Sie in einem nächsten Schritt ihr Wissen in ein Handeln umsetzen, das Sie zu Ihrem Ziel trägt. Die Kernbereiche sind Ihr Reisemittel auf dem Weg zum Ziel. Jetzt müssen Sie die Route ausarbeiten.

Die Liste der Kernbereiche gibt Ihnen das Mittel an die Hand, zu entscheiden, welche Aufgabenstellungen Sie am besten gar nicht erst zur Kenntnis nehmen. Jetzt müssen Sie hierzu nur noch die Gegenstücke finden, jene Aufgabenstellungen nämlich, an denen Sie sich unbedingt beteiligen sollten, wenn Sie in jedem Ihrer Kernbereiche erfolgreich sein wollen. Versuchen Sie, soweit als möglich alles andere zu vermeiden, was die Organisation auf Ihren Schultern abzuladen versucht.

Lassen Sie uns wieder ein Beispiel nehmen, einen Mann, der für eine große Zahl von Mitarbeitern in einer Abteilung zuständig ist. Er sollte natürlich den Kernbereich *Personal* auf seiner Liste haben. Welche Aufgabenstellungen mag er auf seiner Liste für diesen Kernbereich haben? Wenn er sich Mühe gibt und die kurzen Zeitspannen, die er früher verschwendet hat, jetzt sinnvoll nutzt, wird er vielleicht zu folgenden Punkten gelangen:

① *Aufgabenfestlegung:*
Entscheidung darüber, welche Aufgaben von der Abteilung zu erledigen sind.

② *Planung der Zuständigkeiten:*
Zuweisung der Zuständigkeiten an die einzelnen Mitarbeiter.

③ *Motivierung:*
Sicherstellen, daß die Mitarbeiter so motiviert sind, daß sie die ihnen gestellten Aufgaben wirklich so gut wie möglich erledigen.

④ *Überwachung:*
Festlegung von Leistungsparametern und Überprüfung der Ergebnisse.

⑤ *Schulungen:*
Entscheidung, durch welche Fortbildungsmaßnahmen sich die Arbeit der Abteilung noch effizienter gestalten läßt.

⑥ *Regeln:*
Festlegen der Verhaltensregeln, an die sich die Mitglieder der Abteilung zu halten haben.

⑦ *Weiterentwicklung:*
Wie sehen die Bedürfnisse der einzelnen zu Fortbildung und Motivation aus?

⑧ *Neueinstellungen:*
Erkennen und Befriedigen von zukünftigen personellen Erfordernissen.

⑨ *Lob:*
Beurteilung der Leistung der Mitarbeiter und Feedback an sie.

⑩ *Beratung:*
Betonung positiver Beiträge und Unterstützung der Schwächeren, damit sie das geforderte Niveau erreichen.

Wie Sie sehen können, ermöglicht Ihnen die Unterteilung der einzelnen Kernbereiche in Aufgabenstellungen, genau das herauszufinden, was in jenen Bereichen getan werden muß, die Sie als wichtig für Ihre Fortentwicklung identifiziert haben. Versuchen Sie, das Verfahren auf sich selbst anzuwenden. Analysieren Sie Ihre eigene Liste der Kernbereiche, und finden Sie die Aufgabenstellungen heraus, an denen Sie sich beteiligen müssen. Hier, genau wie bei den Kernbereichen, ist Dreh- und Angelpunkt zum Funktionieren des Systems Ihre Fähigkeit, sich einen Überblick darüber zu verschaffen, was Sie tun müssen, um Ihr Ziel zu erreichen. Wenn Sie eine neue Aufgabenstellung erkennen, sehen Sie dafür eine separate Seite unter dem entsprechenden Kernbereich in Ihrem Timer vor. Einerseits werden Sie dadurch immer wieder daran erinnert werden; andererseits hilft es Ihnen während der regelmäßigen Überarbeitung Ihres Arbeitsplans zu erkennen, wie weit diese Aufgabe zur Konzentration auf das Wesentliche beiträgt.
Worauf Sie abzielen, ist eine Umsetzung Ihrer Vision der Zukunft im Unternehmen durch eine exakte Definition von Kernbereichen und Aufgabenstellungen. Daher gibt es einen letzten Schritt, der getan werden muß: Die Umsetzung der Aufgabenstellungen in praktische Aufgaben, die erledigt werden müssen. Was noch fehlt, ist also die Zuweisung von Aufgaben.
Der siegreiche Manager sollte delegieren. Wenn Sie das oben beschriebene System sinngemäß anwenden, wird es Ihnen dabei helfen, sich auf das Wesentliche zu konzentrieren - zu gewinnen.

Ihre eigenen Erfahrungen:

- Nehmen Sie eine der Seiten Ihres Timers, auf dem oben eine Aufgabenstellung steht. Stellen Sie eine Liste aller Arbeiten auf, die in diesem Zusammenhang erledigt werden müssen.
- Fragen Sie sich bei jeder Arbeit, bis wann sie erledigt sein muß.
- Ist dieser von Ihnen festgelegte Termin realistisch oder basiert er auf Wunschdenken?
- Wer übernimmt welche Aufgabe? Wann immer möglich, sollten Sie versuchen, die Arbeit an jemand anderen auf dem Managementkreuz weiterzuleiten. Ein fähiger Manager wird lernen, Aufgaben sowohl aufwärts an seine Vorgesetzten als auch seitwärts an Kollegen oder abwärts an Mitarbeiter zu delegieren. Nur ein Verlierer versucht, alles selbst zu erledigen.
- Stellen sie diese Überlegung für alle Ihre Aufgabenstellungen an.
- Überprüfen Sie die Arbeitsverteilung für jede einzelne Aufgabenstellung einmal in der Woche zu einem festen Zeitpunkt.
- Achten Sie darauf, daß Sie die Arbeiten, die Sie delegiert haben, nicht aus den Augen verlieren. Überprüfen Sie, ob sie auch erledigt wurden. Das gilt auch für Arbeiten, die Sie sich selbst zugewiesen haben.

Der Arbeitsplan des Siegers

Wie wir gesehen haben, besteht das Geheimnis des siegreichen Managers darin, eine klare Vision davon zu haben, was er aus der Organisation herausholen will. Wenn Sie sich einmal darüber klargeworden sind, wie die Organisation für Sie arbeiten soll, sind Sie auch in der Lage, Ihr berufliches Leben gemäß *Ihrer* Vision zu strukturieren. Dann sind nicht mehr die Visionen anderer ausschlaggebend, die Ihnen und Ihren Bedürfnissen mit ihren Arbeitsplänen feindlich gegenüberstehen.

Ihnen wird aufgefallen sein, daß sich bestimmte Grundgedanken wie ein roter Faden durch die Argumentation ziehen. Sie werden sehen, daß es zum Siegen der Aktion, und nicht der Reaktion, bedarf. Sie selbst müssen aktiv werden. Sie müssen Zeit und Energie darauf verwenden, aktiv über Ihren Platz in der Organisation nachzudenken. Sie müssen die Zeit finden, um Ihren Weg von Ihrer jetzigen Position zu Ihrer angestrebten Endposition zu finden. Einfach und banal ausgedrückt, müssen Sie Zeit darauf verwenden, Ihre Ziele ebenso zu überprüfen wie die angemessenen Mittel zu ihrer Verwirklichung. Um es noch einmal zu betonen: Legen Sie die einzelnen Schritte schriftlich nieder.

Eines der Probleme mit Menschen ist, daß sie geborene Lügner sind. Und meistens fallen die Lügner ihren eigenen Lügen zum Opfer. Daher die Betonung der Notwendigkeit, alles schriftlich niederzulegen. Daher die Entwicklung des persönlichen Logos und der verschiedenen Listen. Sie sollen gezwungen sein, sich mit den unterschiedlichen Entscheidungen, die Sie getroffen haben, auseinanderzusetzen. Und wenn dann wieder der tagtägliche Druck da ist, nachzugeben und sich konform zu verhalten, haben Sie die Möglichkeit, entweder den subversiven Stimmen in Ihrem Inneren zu lauschen, die Ihnen vorsäuseln, daß dies alles viel zu schwer sei, oder Sie halten sich an Ihren Arbeitsplan und bemühen sich, Ihre Ziele durchzusetzen.

6 Der perfekte Seelenkäufer

Nur sehr selten können Manager ihr Schicksal im Organisationsspiel wirklich selbst bestimmen. Die Welt ist voll von Menschen, die ständig versuchen werden, Ihnen andere Wünsche und Vorstellungen aufzuzwingen. Ständig werden Sie auf Ihrem Weg aufgehalten. Andererseits brauchen Sie als Manager aber die anderen, wenn Sie Erfolg haben wollen. Wie wir bereits zu einem früheren Zeitpunkt gesehen haben, liegt es in der Natur Ihrer Aufgabe, Ergebnisse durch und mit Hilfe anderer zu erzielen. Oder anders gesagt: Wenn Sie Ergebnisse wollen, brauchen Sie Hilfe.

Wir haben bereits festgestellt, daß die größten Hindernisse bei Ihrem Bemühen, die Managementwelt zu beherrschen, auf menschlichen Charaktereigenschaften basieren. Die Tatsache, daß Menschen sich zusammenschließen und Gruppen bilden, macht sie stark. Das ist auch Sinn und Zweck der Übung. Die Stärke, die dem urzeitlichen Menschen erlaubte, seine rauhe physische Umgebung zu beherrschen, ermöglicht es dem Menschen der Neuzeit, sein Umfeld in einer Organisation zu beherrschen. Genau diese Stärke stellt jedoch für Sie und Ihr Ziel, der Organisation Ihren Willen aufzuzwingen, eine Bedrohung dar.

Lassen Sie sich jedoch nicht entmutigen. Gruppen an sich können stark und bedrohlich sein. Menschen als Einzelwesen aber sind schwach. Wenn es Ihnen also gelingt, die Sie umgebenden Einzelpersonen vom Einfluß anderer abzuschotten, können Sie sie so »zähmen«, daß sie sich Ihren Zielen unterordnen. Das geht genauso wie bei einem Cowboy, der Mustangs zusammentreibt, ihren Willen bricht, sie domestiziert und sich damit untertan macht. Doch genau wie bei der Zähmung eines wilden Tiers brauchen auch Sie zum Erreichen Ihrer Ziele vor allem Geschicklichkeit, Gerissenheit und ein gewisses Quantum an Heimlichkeit. Gedankenlos und schwerfällig, wie es für große Teile des sogenannten »modernen Managements« symptomatisch ist, dürfen Sie nicht vorgehen.

Wer siegen will, muß nicht nur das Handeln der Menschen steuern, sondern auch die mentalen Prozesse, die hinter diesem Handeln stehen. Wer siegen will, muß »Seelen kaufen«. Sie müssen wie *Mephisto*, der berühmte weltliche Vertreter des »Fürsten der Finsternis«, lernen, die Seelen derjenigen zu kaufen, die Ihnen auf dem Weg zum Sieg helfen können. Ist Ihnen das gelungen, müssen Sie nur noch wissen, wie Sie sie so manipulieren, daß Sie von ihnen bekommen, was Sie wollen.

Ihre eigenen Erfahrungen:

● Gibt es in Ihrem Team jemanden, dessen Ausscheiden die Arbeit wesentlich erschweren würde?
● Gibt es Menschen um Sie herum, die Sie gerne zur Zusammenarbeit gewinnen würden?

Die Triade stellt sich Ihnen in den Weg

Wie immer, wenn Sie Ihren Ambitionen folgen, wird Ihre Psyche versuchen, sich Ihnen in den Weg zu stellen. Die Notwendigkeit, Menschen für Ihre Zwecke einzuspannen und zu manipulieren, ist eine Tatsache Ihres Managementdaseins, ja, die absolute Grundlage. Sie steht jedoch in diametralem Widerspruch zu allen Lehren der herkömmlichen Moraltheorie. Schon zu einem sehr frühen Zeitpunkt unserer Sozialisation lernen wir, daß es einfach nicht akzeptabel ist, Menschen zu manipulieren.

142

Wenn Sie aber erst einmal diese Notwendigkeit verinnerlicht haben, wird es keine weiteren Probleme geben. Voraussetzung ist jedoch, Sie können sich von der Verlierertriade frei machen, die Sie in Ihrem Handeln einschränkt. Unterschätzen Sie niemals die Macht dieser inneren Feinde. Die werden nämlich versuchen, Ihre Qualitäten als Manager zu einem Gefangenen einer ganzen Reihe von Mythen zu machen, die Sie zum Verlierer stempeln, wenn Sie auf sie hören.

Ein solch allgemeiner Mythos, dem Manager gerne zum Opfer fallen, ist die Vorstellung, daß man Menschen nicht »kaufen« könne. Das idealistische Wunschdenken Ihres moralisierenden ÜBER-ICHs wird versuchen, Sie davon zu überzeugen, daß Menschen ihre persönliche Integrität, ihre Seelen, schützen und sich nicht durch das Angebot einer Belohnung von dem abbringen lassen, was ihrem Verständnis nach richtig für sie ist. Dieser Mythos wird so stark untermauert, daß Sie auf einer bewußten Ebene vielleicht schon wirklich daran glauben. Schauen Sie sich doch einfach einmal um. Gleichgültig wohin Sie auch blicken: Sie werden Menschen sehen, die Dinge tun, die gegen ihre Natur sind, nur weil sie ein Ziel erreichen wollen. Sie werden jedoch feststellen, daß es sich auch immer »für sie lohnt«. Um des Lohnes willen geht der Mensch Kompromisse ein.

Viele moderne Theorien über Organisationen (nach Weber) sehen das Leben in ihnen in Form einer »vereinbarten Ordnung«. Das heißt, es sind Einheiten, die aufbauen auf der Willfährigkeit ihrer Mitglieder als Gegenleistung für Kompromisse, die die vorherrschenden Machtrelationen zu einem bestimmten Zeitpunkt widerspiegeln. Das allein reicht schon aus, die Vorstellung Lügen zu strafen, daß Menschen nicht überzeugt werden könnten, etwas gegen Belohnung zu tun, was sie sonst nicht täten. Die Seelen der Menschen sind eindeutig käuflich – reichlich und zu jeder Zeit. *Mephisto*, dessen wohl berühmtester Einkauf die Seele des *Dr. Faust* war, wußte dies. Er mußte sich nur daranmachen, die »richtige Währung« und den »richtigen Preis« festzustellen. Wie die meisten Menschen verkaufte auch Faust sich nicht für Geld. (Darauf kommen wir jedoch später noch zurück.) Als Sieger werden Sie erkennen, daß dieses Wissen in Macht umgesetzt werden kann – Macht zur Verfolgung Ihrer Ziele.

Ein weiterer Mythos, der Sie vom direkten Weg zum Ziel abbringt, ist die falschverstandene Überzeugung Ihres ICHs, daß das Verhalten von Menschen in einer Organisation immer rational ist und sie daher immer das tun werden, was Sie von Ihnen wünschen. Sie seien immer offen für vernünftige Argumente und würden einsehen, daß es in ihrem Interesse ist, mit Ihnen zusammenzuarbeiten, um das »bestmögliche« Ergebnis zu erzielen. Das aber ist ein schwerer Trugschluß. Wie wir bereits gesehen haben, beruht das gesamte Handeln in Organisationen ebensosehr auf dem inneren Treiben der Freudschen Triade wie auf rationalem Denken und Abwägen. So kann man beispielsweise Menschen, die unter dem irrationalen Einfluß von Gruppen stehen, keine vom ICH geprägte Vernunft unterstellen, auch wenn das für das ICH und ÜBER-ICH nur schwer zu akzeptieren sein mag.

Derselbe Mythos übersieht auch das Vorhandensein sogenannter »multipler Rationalitäten«. Die Menschen haben einfach aufgrund unterschiedlicher Perspektiven und Erfahrungen unterschiedliche Sichtweisen der sie umgebenden Welt. Viele Mißverständnisse in der Politik haben hierin ihren Ursprung.

Dann gibt es noch das ES. Wir haben gesehen, daß dieses ES es haßt, wenn seine Pläne durchkreuzt werden. Es verachtet den Gedanken, es könnte mehr als eine Sichtweise der Welt geben. Aus seiner Sicht ist jeder, der die Welt anders sieht, ein Dummkopf oder ein Schurke, der entweder beiseite geschoben oder entsprechend bestraft werden muß. Das ist natürlich ein wenig hilfreicher Ansatz, wenn man bedenkt, wie überaus realistisch die Macht des einzelnen Managers eingeschränkt ist, wenn es darum geht, die Wünsche und wahrgenommenen Bedürfnisse anderer zu ignorieren. Dieser Ansatz verführt typische Verlierer oft zu einer unnötigen und gefährlichen Verschwendung von Energien auf Nebenkriegsschauplätzen, auf denen sie dann ihre ganze Energie in kümmerliche Vendettas stecken, um den Leuten zu zeigen,»wer hier der Boß ist«. Nirgendwo sonst leistet die Triade so kräftigen Widerstand wie bei Ihrem Bedürfnis, die Menschen in Ihrem Umfeld zu lenken und zu manipulieren. Andererseits gibt es keinen anderen Aspekt, bei dem sich ein Einsatz so lohnt und der dann auch so reichhaltige Früchte trägt.

Ihre eigenen Erfahrungen:

- Können Sie sich an eine Begebenheit erinnern, bei der ein Manager Zwang ausübte, um seinen Willen durchzusetzen, während der subtilere Ansatz der Bestechung weitaus effektiver gewesen wäre?
- Haben Sie schon einmal erlebt, wie jemand davon überzeugt werden konnte, etwas zu tun, was er sonst nie getan hätte, sich aber wegen des zu erwartenden Nutzens dennoch darauf einließ?

Prägen Sie Ihre Umwelt

Wenn Sie die Seelen der Menschen in Ihrem Umfeld kaufen wollen, müssen Sie verstehen, auf welche Art und Weise das Verhalten von Menschen geprägt werden kann. Im Gegensatz zu *Mephisto*, der das Problem frontal anging, können Sie subtilere Methoden anwenden. Der Vorteil ist, daß das Opfer sie nicht mitbekommt. So können Sie das Verhalten eines Menschen beeinflussen und prägen, ohne daß er den Einfluß überhaupt bemerkt. Wie man das macht?

Lassen Sie uns mit den Ergebnissen der frühen Versuche des russischen Physiologen *Igor Pawlow* zum Verhalten von Hunden beginnen. Sie werden zweifelsfrei schon von *Pawlow* und seinen Hunden gehört haben. Ihnen ist aber wohl kaum der Gedanke gekommen, daß Sie hier Verbündete für Ihr Siegesstreben finden. *Pawlows* Versuche lassen uns verstehen, wie sich das Verhalten aller Tiere, einschließlich des *Homo sapiens*, konditionieren läßt. *Pawlows* Arbeit konzentrierte sich auf natürliche Reflexe. *Burrhus F. Skinner* ging weit darüber hinaus. Er zeigte, daß durch die sorgsame Verwendung von Belohnungen komplexe Verhaltensmuster hervorgerufen werden können und wie Verhalten durch »Verstärker« verändert werden kann. Diese »Verstärker« sind die für Wohlverhalten gewährten Belohnungen. So leckt sich meine Terrierhündin immer noch die Lefzen, wenn sie auf einen Pfiff mit der Hundepfeife hin angerannt kommt, obwohl sie dafür schon lange nicht mehr jedesmal einen Leckerbissen erhält. *Skinners* Methode ist einfach. Der einzelne Mensch hat Bedürfnisse und wird sich so verhalten, daß er sie befriedigen kann. Verhalten, das zur Befriedigung dieser Bedürfnisse beiträgt, wird wiederholt werden. Das gilt selbst für sehr komplexe Handlungsbündel, die miteinander verbunden sind und ein Verhaltensmuster bilden, solange sie eine bestimmte Zeit lang zu einer Belohnung geführt haben. Andererseits wird ein Verhalten, das negativ belohnt wurde, das also zu unangenehmen Konsequenzen führte, in Zukunft vermieden werden. Obwohl der Prozeß der Verhaltensprägung, der eigentlich ein Lernprozeß ist, im Frühstadium bewußt ablaufen dürfte, wird die sich ergebende Reaktionskette

Reiz → *Reaktion* → *Verstärkung* → *Wiederholungsverhalten*

bald spontan und unterbewußt ablaufen. Dieser Prozeß der Verinnerlichung prägt Verhaltensmuster, die nicht leicht aufgebrochen oder vergessen werden. Außerdem wird das belohnte oder verstärkte Verhalten bald ein Eigenleben beginnen. Schon die unbewußte Erinnerung an die ausstehende Belohnung reicht als Antrieb aus. Es wird Teil des normalen

Verhaltens dieses Menschen, eine Gewohnheit. Durch Verstärkungen wird es immer neu belebt, aber die Belohnung muß nicht jedesmal gewährt werden.

Die in Abständen gewährte Verstärkung, die immer wieder mal gewährte Belohnung für erwünschtes Verhalten ist ein mächtiges und kostengünstiges Instrument, mit dem sich sicherstellen läßt, daß sich die Menschen auch weiterhin wie gewünscht verhalten werden - und Sie zumindest in dieser Hinsicht ihre Seelen »fest im Griff haben«.

Psychologische Entgelte

Ich werde später noch darauf eingehen, was in diesem Verfahren der Verhaltenskonditionierung als Belohnung eingesetzt werden kann. An diesem Punkt muß nur auf den wichtigen Punkt hingewiesen werden, daß immaterielle Belohnungen - »psychologische Entgelte« - ein stärkeres, billigeres und leichter verfügbares Mittel zur Verstärkung von Verhalten ist als die Belohnung mit materiellen Werten. (Nur Verlierer könnten eine solch vielversprechende Kombination ignorieren.) Für diejenigen unter meinen Lesern, die ihre Existenz anzweifeln, möchte ich ein Beispiel aus der Welt des Autofahrens schildern. Denken Sie nur daran, wie Sie sich fühlen, wenn Sie einem anderen Fahrer die Vorfahrt gewähren und er Ihnen zum Dank kurz zuwinkt. Sie fühlen sich gut, wenn auch nur für einen Moment. Sie winken zurück, und wahrscheinlich werden Sie sich als Reaktion darauf in ähnlicher Situation noch einmal so verhalten. Für weitere, tiefergehende Beispiele möchte ich Sie auf die Experimente von *J. B. Wolfe* verweisen.

Wolfe untersuchte die Auswirkungen positiver Belohnungen auf die Arbeit. Er führte seine Versuche mit nahen Verwandten von uns durch - den Schimpansen. Es bedarf keiner allzugroßen Vorstellungskraft, um die Ergebnisse seiner Versuche hochzurechnen und die Parallelen zum menschlichen Verhalten zu sehen. Für seine Versuche konstruierte *Wolfe* eine »Arbeitsmaschine«, die einer Tretmühle glich, wie es sie früher in Gefängnissen gab. Wenn die Schimpansen eine bestimmte Menge Arbeit in der Tretmühle verrichtet hatten, wurden sie mit Trauben belohnt. Es zeigte sich, daß die Schimpansen schnell lernten: Je mehr sie arbeiteten, um so mehr wurden sie auch belohnt.

In der nächsten Stufe näherte man sich den »psychologischen Entgelten«. *Wolfe* konstruierte einen Traubenautomaten, in den Jetons eingeworfen werden mußten. Es war ein ähnliches Gerät wie die Süßigkeitenautomaten auf Bahnsteigen. Den Schimpansen wurde gezeigt, wie die Maschine funktioniert. Von da an wurden sie für ihre Arbeit in der Tretmühle nicht mehr direkt mit Trauben belohnt, sondern mit Jetons, für die sie dann am Automaten Trauben erhielten. Das Ergebnis dieser Versuchsreihe ist sehr interessant: Sie arbeiteten noch schneller. Die Belohnung mit Jetons, die dann in Trauben umgetauscht werden konnten, motivierte sie eindeutig mehr als die direkte Belohnung mit Trauben.

Wolfe ging aber noch einen Schritt weiter, hin zum rein psychologischen Entgelt. Der Traubenautomat wurde so verändert, daß die Ausgabe von Trauben variierte. Man würde erwarten, daß die Schimpansen jetzt weniger gearbeitet hätten, da das Ergebnis unsicher geworden war. Genau das Gegenteil aber trat ein. Die Schimpansen wurden ganz süchtig nach dem Spiel mit der Obstmaschine. Das traf selbst dann noch zu, als statistisch gesehen nur noch eine Traube auf hundert Jetons kam. Die Tiere waren so versessen darauf, Jetons zu verdienen, mit denen sie dann um Trauben spielen konnten, daß sie viel zuviel arbeiteten. Sie zeigten Zeichen physischer Erschöpfung, und die Versuche wurden abgebrochen. Schimpansen mögen eine Seele haben oder auch nicht, aber *Wolfe* erkaufte sich eindeutig ein bestimmtes Verhalten, als er sie dazu brachte, fast bis zum Zusammenbruch für psychologische Entgelte zu arbeiten.

Viele Manager haben Schwierigkeiten, diese Vorstellung der psychologischen Entgelte zu akzeptieren. Sie widerspricht konventionellem Denken und dem Glauben an Geld als allein-gültigem Anreiz. Diese Fiktion kann auf eine sehr lange Ge-schichte zurückblicken, ist aber nichtsdestoweniger gefähr-lich. Wir werden später noch einmal auf diesen sehr wichtigen Punkt zurückkommen. Eines aber sei schon hier gesagt: Um die Wahrheit zu erkennen, brauchen Sie sich nur umzu-schauen. Sie werden Menschen sehen, die Dinge für Lohn tun, der sich nicht in monetären Dimensionen ausdrücken läßt. *Mephisto* versuchte, die Seele des unglückseligen *Faust* mit dem Versprechen von Reichtümern zu kaufen. Aber es war der Wunsch nach Wissen und Macht, der die Falle zuschnappen ließ. Der britische *Civil Service* hat schon vor langer Zeit das hinter diesem Verhalten steckende Prinzip verstanden. Er ge-winnt immer wieder hochqualifizierte Mitarbeiter, kann sie aber nicht adäquat bezahlen. Statt dessen wird hohes gesell-schaftliches Ansehen geboten, und Orden und Titel sind in greifbarer Nähe für die, die sich im System richtig zu bewe-gen wissen. In dem Prozeß, andere dazu zu bringen, das zu tun, was Sie wollen, gibt es viele Währungen. Sicherlich ist die materielle Belohnung in Form von Geld wichtig. Jedoch würde nur ein Verlierer die Augen vor der Tatsache ver-schließen, welche Macht immaterielle Belohnungen haben. Sie sind billig, leicht zu verteilen und, wie wir oben gesehen haben, potentiell viel effektiver.

Ihre eigenen Erfahrungen ...

- Erinnern Sie sich an eine Begebenheit, bei der Sie mit etwas zufrieden waren und sich daher gut fühlten? Welche Belohnungen haben dazu geführt, daß Sie sich gut fühlten?
- Hatten Sie jemals einen Posten, für den Sie zwar gut bezahlt wurden, in dem Sie aber trotzdem unglücklich waren?

Belohnung kontra Bestrafung

Ein weiterer sehr wichtiger Punkt für Sie als siegreichen Manager ist die Rolle der Bestrafung. Zu den bevorzugten Aktivitäten des ÜBER-ICHs gehört das Austeilen von Strafen, wenn die verinnerlichten Regeln übertreten werden. Das ÜBER-ICH sucht häufig nach einer Ausrede, und sei sie noch so fadenscheinig, um seine aufgestauten Energien und Frustrationen an anderen auszulassen. Wie wir bei *Skinner* gesehen haben, wird ein erfolgversprechendes Verhalten, ein Verhalten also, das zu einer Befriedigung führt, sehr wahrscheinlich wiederholt werden. Wenn also das Austeilen von Strafen dazu führt, daß wir uns besser fühlen, da unsere aufgestauten Energien freigesetzt werden, ist die Wahrscheinlichkeit groß, daß wir uns auch in zukünftigen Situationen für die Bestrafung als Verhaltensform entscheiden. Wir werden also nach Möglichkeiten suchen, Bestrafungen als Mittel einzusetzen, um unsere inneren Spannungen abzubauen. Die Welt der Manager bietet dazu viele Möglichkeiten. *Andrzej Hyczynski* und *David Buchanan* beispielsweise stellen in einer Studie fest, daß viele jüngere Vorgesetzte »Geschmack daran fänden«, Mitarbeiter zu entlassen. Diese Möglichkeit kann leicht für solche Manager zu einer Besessenheit werden, die nicht merken, daß sie damit nur Ausreden für die Befriedigung der nicht steuerbaren Gelüste ihres ÜBER-ICHs finden. Wenn Sie als Manager siegen wollen, sollten Sie darauf achten, nicht in diese Falle des Bestrafens zu tappen. Sie könnte sich kontraproduktiv auf die Verwirklichung Ihrer Ziele auswirken.

Eines der größten Probleme mit Bestrafungen ist es, daß Verlierer sie als Möglichkeit sehen, dafür zu sorgen, daß Dinge erledigt werden. Hören Sie einer Gruppe von Managern zu, wie sie mit ihren Erfolgen glänzen. Früher oder später werden sie sich darüber auslassen, wie »hart« sie sind. Während diese Manager Ihnen erzählen, daß sie an den Grundsatz des »hart aber fair« glauben und daß Ihr Führungsstil auf »Zuckerbrot und Peitsche« basiere, sind sie im Grunde genommen allein stolz auf ihre Härte und ihre Fertigkeiten beim Schwingen der Peitsche. Diese Vorstellung der Notwendigkeit harten Durchgreifens ist so tief verwurzelt, daß folgendes passiert, wenn ich Studenten bitte, nach nur einer Minute Bedenkzeit zwischen zwei möglichen Verhaltensweisen zu wählen: einen Mitarbeiter wegen guter Leistung zu loben oder einen anderen Mitarbeiter wegen schlechter Leistungen niederzumachen. Regelmäßig ziehen alle die Bestrafung der positiven Belohnung vor.

Natürlich muß es im täglichen Leben eines Managers auch Bestrafungen geben, aber sie sollen lediglich die absoluten Grenzen akzeptablen Verhaltens markieren. Sie sollen Mitarbeiter daran hindern, das zu tun, was sie auf keinen Fall tun dürfen. Sie sind beispielsweise in den Fällen angemessen, in denen die Sicherheit eines einzelnen oder etwa der Organisation insgesamt gefährdet ist. Die Gefahr besteht, daß Bestrafungen, die als tägliche Reaktion auf geringfügiges Fehlverhalten vorkommen, dazu führen, daß die Betroffenen jegliche Art von Initiative in Zukunft vermeiden werden, damit es wegen kleiner Fehler ja nicht wieder zu »Kopfnüssen« kommt. Strafen, die gedankenlos ausgeteilt werden, führen dazu, daß andere anfangen, auf Nummer Sicher zu gehen. Als siegreicher Manager können Sie sich aber damit nicht zufriedengeben. Sie zielen vielmehr darauf ab, die Seelen der Menschen zu kaufen. Sie wollen, daß die Menschen »freiwillig« ihren Wünschen folgen und dabei nicht einmal bemerken, daß sie vielleicht etwas anderes vorziehen würden.

Es muß immer wieder betont werden, daß eine etwaige positive Belohnung nicht unbedingt materieller Art sein muß. Bei einem Menschen reicht es gewöhnlich aus, wenn man anerkennt, daß er sich auf dem richtigen Weg – zum erwünschten Verhalten – befindet.

Ihre eigenen Erfahrungen:

● Erinnern Sie sich an eine Situation, in der Sie die Angst vor Strafe veranlaßt hat, lieber auf Nummer Sicher zu gehen?

Der richtige Bezug

Als besonderes Problem bei derartigen Lernprozessen fällt auf, daß die falschen Dinge oft durch Zufall erlernt werden. Genauso wie *Pawlows* Hunde irgendwann das Futter mit dem Licht assoziierten, verbinden Menschen oft irgendeinen Aspekt ihrer Umgebung mit einer bestimmten Belohnung oder Strafe. Dadurch wird ihr Verhalten in eine Richtung beeinflußt, die nicht beabsichtigt ist. *Hans Eysenck* liefert hierfür in seinen Büchern hervorragende Beispiele.

Eysenck zeigt, daß sexuelle Impotenz bei Männern gewöhnlich ein »erlerntes« Phänomen darstellt. Männer können unterbewußt negative Assoziationen mit dem sexuellen Akt verbinden. Ihre Körper helfen ihnen dann dabei, den zum Vollzug des Aktes notwendigen physischen Zustand zu vermeiden. Er berichtet unter anderem von einem französischen Lastwagenfahrer, der wegen Impotenz behandelt wurde. Das Problem trat jedoch nur in der sexuellen Beziehung zu seiner Frau auf. Unter Hypnose stellte sich dann heraus, daß er einmal mit der Frau eines Kollegen in flagranti erwischt worden war. Er bezog eine Tracht Prügel. Seine Eheprobleme gründeten jetzt auf der Tatsache, daß er in einem Schlafzimmer verprügelt worden war, dessen Tapete ein ganz bestimmtes Muster hatte. Zufällig hatte die Tapete in seinem eigenen Schlafzimmer ein ähnlich ungewöhnliches Muster. Die negative Verstärkung, die sich aus den Prügeln ergab, grub sich nicht ein als »Du sollst nicht begehren deines Nächsten Weib«, sondern als »Du sollst nicht Liebe machen mit einem Weibe, auch nicht mit deinem eigenen, in einem Gemache mit solchem Wandkleid.« Eine neue Tapete – und die Eheprobleme des Mannes waren gelöst. (Als kleine Nebenbemerkung sollte darauf hingewiesen werden, daß *Eysenck* es für nötig befand, ausdrücklich darauf hinzuweisen, daß das Ganze in Frankreich geschah, wo man sich bei Licht zu lieben pflege.)

Eysencks Beispiel zeigt, daß Sie Lob – und vor allem Strafe! – nicht dem Zufall überlassen dürfen. Sie müssen sicherstellen, daß beides klar und eindeutig mit einer ganz bestimmten Verhaltensweise verbunden wird. Ein hilfreiches Instrument ist hierbei ein Lob, ein »Danke« oder »Gut gemacht«, um ein Verhalten herauszuheben, das in Ihren Augen wiederholt werden sollte. Lob greift sich die speziellen Teile des Verhaltens heraus, die belohnt und daher verstärkt werden sollen. Lob ist ein potentiell sehr mächtiger Verstärker. Außerdem ist es nicht teuer und bei gewünschtem Verhalten leicht zu gewähren.

Verlierer haben hiermit ihre Probleme. *Real Men Don't Eat Quiche* will uns der Titel eines beliebten, satirisch gemeinten Buches über männliche Empfindsamkeiten zu »korrektem« Machoverhalten glauben machen. Die Liste der zu vermeidenden Dinge in dem Buch hätte auch die Verwendung von »Bitte« und »Danke« einschließen können, jedenfalls im Zusammenhang mit Managerverhalten. Hier haben wir wieder ein Beispiel für die Triade der psychischen Kräfte, die versucht, den potentiellen Sieger des Organisationsspiels vom rechten Pfad abzubringen. Das ES, dem es immer und überall darum geht, die Macht über sein gesamtes Umfeld sicherzustellen, legt solche Höflichkeit als Schwäche aus. Nachgiebigkeit gegenüber denen, die nur darauf warten, jedes auch noch so kurze Nachlassen der Wachsamkeit auszunutzen, darf es nicht geben. Für das ES ist solches Verhalten einfach nicht notwendig. Und vom ÜBER-ICH wissen wir bereits, daß Bestrafung oft das bevorzugte Motivationsinstrument ist. Das ÜBER-ICH erwartet, daß der einzelne weiß, was richtig oder falsch ist. Daher bedürfe es weder eines Lobs noch eines Dankes für »korrektes« Verhalten.

Nur ein Verlierer wird sich von den Vorschriften der Triade von seinem Sieg abbringen lassen. Sie als Sieger können sich diesen Zwängen entziehen und beide Augen fest auf Ihr Ziel richten. Alles muß nach Ihren Wünschen laufen. Welcher Mittel es dazu bedarf, spielt keine Rolle.

Motivation

Bisher haben wir nur über die Notwendigkeit gesprochen, die Seelen der Menschen in Ihrem Umfeld zu kaufen, um so Ihre Karriere in der Organisation zu steuern. Jetzt ist es an der Zeit, über die Währungen zu sprechen, die Sie verwenden können, um dieses Ziel zu erreichen. Dafür muß man aber verstehen, wie die Motivation von Mitarbeitern funktioniert.

Ein nützlicher Ansatzpunkt ist hierbei der Ursprung des Wortes »Motivation«. Es stammt vom lateinischen Verb *movere* ab. Etymologisch bedeutet es die Untersuchung dessen, was Menschen veranlaßt, »sich zu bewegen«. Wenn Sie diesen Ansatz verstanden haben, wissen Sie: Ihre Aufgabe ist es, Menschen dazu zu bringen, sich zu bewegen – in die von Ihnen gewünschte Richtung. Einer der bekanntesten Motivationsspezialisten ist *Frederick Herzberg*. Er sieht die Aufgabe des Managers darin, seine Mitarbeiter dazu zu veranlassen, »zu springen, wenn es Gummibärchen gibt«. Er würde wohl mit *Mephisto* voll und ganz darin übereinstimmen, daß die Seelen der Menschen käuflich sind. Es geht nur darum, festzustellen, womit man sie kaufen kann – welche Farbe etwa müssen die Gummibärchen haben, damit jeder einzelne springt?

Untersuchungen zur Motivation gehen von der Annahme aus, daß jene, die versuchen, andere zu beeinflussen, eine Reihe von gewünschten Ergebnissen bereits vor Augen haben. Für Sie ist es die Realisierung Ihrer Vision. Allerdings haben die Menschen, die Sie beeinflussen müssen, auch ihre Bedürfnisse. Sie können ihnen nun zur Befriedigung dieser Bedürfnisse verhelfen, indem Sie die Belohnungsmöglichkeiten der Organisation steuern. Das Geheimnis, Menschen zu veranlassen, Ihrem Willen zu folgen, liegt in Ihrer Fähigkeit, die Eigeninteressen dieser Menschen mit Ihrem Ergebnisstreben zu verbinden. Die Schwierigkeit liegt darin, die Interessen und Ziele anderer festzustellen, denn das, was wahrgenommen wird, ist nicht unbedingt auch immer die Realität.

Die meisten Manager sind deswegen in ihre jeweiligen Positionen gelangt, weil sie in der Lage sind, Dinge schnell und effektiv über die Runden zu bringen. Das System, das sie in diese Positionen gehievt hat, tat dies auf der Grundlage der von ihnen erzielten Ergebnisse. Weder die Manager selbst noch die Organisationen haben sich jedoch mit den entsprechenden Wirkmechanismen beschäftigt, die zur Erzielung dieser Ergebnisse eingesetzt wurden. Die praktischen Erfordernisse des täglichen Lebens werden sie veranlaßt haben, hier einen pragmatischen Ansatz zur Menschenführung zu entwickeln. Was immer Ergebnisse zeitigt, was immer zum erfolgreichen Erledigen einer Aufgabe führt, wird daher auch erneut eingesetzt werden. Strategien, die wahrscheinlich nicht funktionieren, werden eher vermieden.

In seinem Werk *The Human Side of Enterprise* faßt *Douglas McGregor* diese Entwicklung der »fehlenden Bewußtheit« unter Managern sehr gut zusammen. Er zeigt, wie Manager dazu kommen, ihre Mitarbeiter in einem bestimmten Licht zu sehen, aus dem heraus sie eine verallgemeinernde Interpretation des menschlichen Verhaltens ableiten. Diese allgemeine Interpretation hat wiederum Einfluß auf ihre Einstellung dazu, wie sie sich ihre Mitarbeiter am besten gefügig machen.

Wie sehen Sie die Menschen, für die Sie verantwortlich sind?

Unterziehen Sie sich diesem Test. Sie haben zwei Minuten Zeit. Wie ist Ihre spontane und instinktive Reaktion auf folgende Aussagen? Geben Sie sich:

4 Punkte – bei starker Zustimmung,
3 Punkte – bei genereller Zustimmung,
2 Punkte – wenn Sie weder zustimmen noch ablehnen,
1 Punkt – bei genereller Ablehnung,
0 Punkte – bei starker Ablehnung.

AUSSAGEN: PUNKTE:

Meine Mitarbeiter mögen es, daß ich jederzeit bereit bin, ihnen zu zeigen, wie eine Aufgabe am besten anzugehen ist. _____

Wenn nicht ich, oder jemand wie ich, jederzeit aufpaßt, würde kaum etwas erledigt werden. _____

Meine Mitarbeiter erwarten von mir, daß ich ihnen die Ziele vorgebe. _____

Ich überprüfe jeden Tag, ob meine Mitarbeiter mit ihrer Arbeit klarkommen. _____

Ich achte sehr darauf, daß meine Mitarbeiter pünktlich am Arbeitsplatz sind. _____

Meine Mitarbeiter arbeiten am besten, wenn sie auch mit einem guten Gehalt entlohnt werden. _____

Ich treibe meine Mitarbeiter immer dazu an, Fristen unbedingt einzuhalten. _____

Ich halte häufig Meetings ab, damit ich immer weiß, was läuft. _____

Meine Mitarbeiter wollen, daß ich die wichtigen Entscheidungen selbst treffe. _____

Wenn sie nicht dauernd jemand antriebe, würden meine Mitarbeiter schwierige Aufgaben liegenlassen. _____

Ich bin immer bereit einzuspringen, sobald etwas aus dem Ruder zu laufen scheint. _____

Ich will immer wissen, was meine Mitarbeiter machen – jederzeit. _____

Meine Mitarbeiter wollen, daß ich die Verantwortung für die Planung auf mich nehme. _____

Ich überprüfe ständig, ob meine Mitarbeiter ihre Aufgaben auch richtig erledigen. _____

Ich überwache meine Mitarbeiter sehr genau, um sicherzustellen, daß ich auch das Beste aus ihnen heraushole. _____

GESAMTPUNKTZAHL = _____

Behalten Sie diese Gesamtpunktzahl im Gedächtnis. Wir werden in Kürze darauf zurückkommen!

McGregor beschreibt zwei zentrale Ansätze zur Führung von Menschen. Der erste, den er »Theorie X« nennt, ist unter Managern weit verbreitet. Er hat seinen Ursprung in den Erfahrungen derer, die für Industriearbeiter zuständig waren, die unter entfremdenden Bedingungen arbeiten und vor allem nur kurzfristige Ziele erreichen mußten. Vor einem solchen Erfahrungshintergrund betrachten die meisten Manager ihre Mitarbeiter als stumpfe, unwillige Teilnehmer am Produktionsprozeß. Nach »Theorie X« hegen Mitarbeiter eine starke Abneigung gegen ihre Arbeit und versuchen, ihr aus dem Weg zu gehen, wo immer sie können. Deshalb müssen die Vorgesetzten sie streng überwachen und bestechen, wenn die Arbeit überhaupt erledigt werden soll. Im Extremfall rechtfertigt sich dieser Ansatz durch die Vorstellung, daß den meisten Mitarbeitern sowieso alles egal sei. Die Menschen seien von Natur aus faul und apathisch und ziehen es daher vor, an ihrem Arbeitsplatz genau überwacht zu werden und exakte Anweisungen zu erhalten.

Das Problem bei diesem Ansatz ist, daß er irgendwann einmal zu einer sich selbst erfüllenden Prophezeiung wird. Sicherlich haben viele Manager schon Mitarbeiter erlebt, die faul waren und nicht gerade vor Initiative überschäumten. Aber auch dieses Verhalten ist eine Reaktion auf die Einstellung der Manager. Wenn man davon ausgeht, daß die Mitarbeiter dumpf und passiv sind, werden Manager, die im Unterbewußtsein die »Theorie X« vertreten, ihre Mitarbeiter auch entsprechend behandeln. Also legen diese dann das Verhalten an den Tag, das man ihnen ursprünglich unterstellte. Sieht sich der Manager in seinen Erwartungen bestätigt, bleibt er seinem »Theorie-X«-Verhalten verhaftet. So entsteht ein Teufelskreis des »Ich habe es ja gesagt«.

Für Sie als Siegertypus taugt dieser Ansatz nicht. Sie müssen sich von dem Druck lösen, Dinge zugunsten kurzfristiger Ergebnisse schnell erledigt haben zu wollen. Sie müssen sich auf den langfristigen Erfolg konzentrieren. Hierbei können Sie den zweiten Ansatz von *McGregor* verwenden, den er »Theorie Y«

nannte. Danach gelten Mitarbeiter als potentielle Verbündete in Ihrem Streben, das Organisationsspiel zu gewinnen.

Der Manager, der sich an der »Theorie Y« orientiert, erkennt die wirklichen Fakten des menschlichen Wesens an. Im Gegensatz zu der fehlerhaften Philosophie der »Theorie X« weiß er, daß die Menschen nicht von Natur aus gegen ihre Arbeit sind. Wenn Sie sie sich genau anschauen und ihr Verhalten beobachten, sehen Sie, daß ernsthafte Anstrengungen Teil ihres normalen und natürlichen Verhaltens sind.

Die Lehre aus der Studie von *McGregor* ist klar: Wenn die Mitarbeiter engagiert sind, wenn sie das Gefühl haben, agierende Teilnehmer in einer Welt zu sein, die sie beeinflussen können, sind sie auch ohne weiteres in der Lage, ihre Fähigkeiten dafür einzusetzen, etwas zu erreichen. Sie müssen nur lernen, die Seelen dieser Mitarbeiter zu kaufen, damit Sie sich ihr Engagement bewahren können.

Wie sehen Sie die Menschen, für die Sie verantwortlich sind, wirklich?

Sie haben sich bereits festgelegt. Der von Ihnen vorhin durchgeführte Test sagt alles.

Die erreichte Gesamtpunktzahl kann zwischen 0 und 60 Punkten liegen. 0 Punkte stehen für das eine Extrem, die völlige Orientierung an der »Theorie Y«. 60 Punkte stehen für das andere Extrem, die völlige Orientierung an der »Theorie X«.

Entsprechen die Ergebnisse der Art, wie Sie führen wollen?

Ich möchte hier kein Lehrbuch über Motivation schreiben. Es gibt eine umfangreiche Literatur zu diesem Thema, welche »Währungen« Managern zur Verfügung stehen, um die Seelen derjenigen zu kaufen, auf die sie angewiesen sind, wenn die Arbeit getan werden soll. Ich sehe meine Aufgabe darin, Ihnen -

dem siegreichen Manager – die Optionen aufzuzeigen, die Ihnen offenstehen, und Sie gleichzeitig vor den Fallen zu warnen, in die ein Verlierer einfach aus dem Grunde leicht hineintappt, weil er die zur Verfügung stehenden Optionen nicht versteht.

Maslows Bedürfnishierarchie

Die Arbeiten von *Abraham Maslow* sind von grundlegender Bedeutung, wenn man das Wesen der Eigeninteressen der Menschen verstehen will, auf das schon verwiesen wurde. Denn diese Eigeninteressen des einzelnen auszumachen ist der erste Schritt in dem Entscheidungsprozeß, wie man jemanden dazu bringen kann, etwas Bestimmtes zu tun. Aufgrund seiner Forschungsarbeiten kam *Maslow* zu dem Schluß, daß das Verhalten der Menschen durch ihren inneren Trieb nach Befriedigung von Grundbedürfnissen erklärt werden kann. Wenn Menschen durstig sind, wollen sie etwas zu trinken, wenn sie hungrig sind, wollen sie etwas zu essen. Je mehr Hunger oder Durst Menschen haben, um so ausgeprägter werden sie sich einem Verhalten verschreiben, das ihnen die Erfüllung dieser Bedürfnisse verspricht.

Hunger und Durst sind sehr krasse Beispiele, *Maslow* identifizierte jedoch auch Bedürfnisse, die zwar nicht so offensichtlich sind, aber mindestens ebenso stark. *Maslow* unterscheidet dabei fünf Bedürfnisgruppen. Sie sind nicht erschöpfend dargelegt, geben aber dennoch eine gute Idee davon, was hinter seiner Forschungsarbeit steckt:

● *Physiologische Bedürfnisse:*
   Hunger/Durst, Wärme, Sexus.

● *Sicherheitsbedürfnisse:*
   Zuflucht, Sicherheit, Ordnung.

● *Soziale Bedürfnisse:*
   Zugehörigkeitsgefühl zu anderen, Liebesbedürfnisse.

- *Wertschätzungsbedürfnisse:*
  Aufmerksamkeit, Anerkennung, Ansehen.

- *Selbstverwirklichungsbedürfnisse:*
  persönliche Weiterentwicklung, Individualität.

Vielleicht gewinnen Sie aus dieser Aufstellung den Eindruck, daß es sich dabei um passive Bedürfnisse handelt. *Maslow* jedoch argumentiert, daß sie auf einer sehr einflußreichen Ebene ablaufen: Sie lenken das Handeln. Sie treiben die Menschen dazu an, sich so zu verhalten, daß sie diese Bedürfnisse befriedigen können. Auch wenn sie hauptsächlich auf einer unbewußten Ebene ablaufen und die Menschen sich ihrer nur bewußt werden, wenn sie unbefriedigt bleiben, haben diese Bedürfnisse doch die Macht, auch Gedanken zu lenken. Ihre Stärke kann am besten daran gezeigt werden, was passiert, wenn sie nicht befriedigt werden. Dazu ein Beispiel aus dem militärischen Bereich, in dem leicht extreme Bedingungen auftreten können. Es betrifft das physiologische Bedürfnis nach Nahrung. Ich habe es deswegen ausgewählt, weil hier die Auswirkungen eines Entzugs leicht auszumachen sind. Die anderen von *Maslow* angeführten Bedürfnisse sind jedoch ebensogroß und üben einen ebenso gewaltigen Einfluß auf die Gedanken und das Verhalten des einzelnen aus.

In dem Beispiel geht es um ein persönliches Erlebnis. Ich war während einer Übung zeitweilig vom Nachschub abgeschnitten. Ein Kamerad und ich hatten den Auftrag, uns einzugraben und drei Tage lang auf keinen Fall vom Fleck zu rühren. Am ersten Tag hatten wir beide keine Verpflegung bekommen. Aufgrund eines unglücklichen Zufalls aber klappte der Nachschub auch am zweiten und dritten Tag nicht. Wir schoben beide echten Kohldampf!

Am dritten Tag schaute mich mein Kamerad auf einmal mit Entsetzen an. Offensichtlich tropfte mir grüner Speichel aus dem Mund. Nach seinen Worten sah ich aus wie Frankenstein in Person. Als ich mir mein Kinn abwischte, war da wirklich grüner Speichel auf meiner Hand. Dann klärte sich alles auf. Mir unbewußt, hatte *Maslows* Trieb, etwas zu tun, um mein Bedürfnis nach Nahrung zu stillen, die Führung übernommen. Da war ich also in unserem Graben, und mein Körper hatte ein Verhalten produziert, das dazu geeignet war, mein im Moment überwältigendes Bedürfnis nach Nahrung zu stillen: Ich hatte offensichtlich alle möglichen Dinge in den Mund gesteckt – in der Hoffnung, etwas Nahrhaftes zu erwischen. In jenem Moment war ich dabei, die grüne Farbe aus der Mine meines Kugelschreibers aufzusaugen. Dazu braucht man sehr viel Kraft. Aber in dem Bedürfnis, etwas zu essen zu bekommen, hatte mein Körper die nötigen Kräfte aufgebracht, um einen Kugelschreiber auszusaugen. Es schmeckte grauenhaft!

Maslows Beitrag zum Verständnis dessen, was Menschen in ihrem Handeln lenkt, hörte jedoch nicht bei der Identifizierung der Triebkräfte auf. Für Sie als siegreichen Manager ist folgendes wichtiger. Er lieferte den Schlüssel zum Verständnis dessen, warum die Menschen sich unterschiedlich verhalten und warum ganze Generationen von Managern immer wieder versucht haben, sich die Gefügigkeit ihrer Mitarbeiter zu erkaufen – allerdings mit der falschen Währung.

Maslow führt an, daß die unterschiedlichen Bedürfnisse nicht alle zur gleichen Zeit gleich stark wirksam sind. Jeder wird seinen eigenen Schwerpunkt haben, der zu bestimmten Zeiten die Grundlage für seine Motivation liefert. Dieser Schwerpunkt wird sich je nach den Umständen im Laufe der Zeit verlagern. Diese Verlagerung vollzieht sich nach einem bestimmten Muster.

Nach seinem Verständnis sind die das Verhalten lenkenden Bedürfnisse also in einer »*Bedürfnishierarchie*« angeordnet. Sie reichen von den physiologischen Bedürfnissen ganz unten bis hin zu den Selbstverwirklichungsbedürfnissen an der Spitze der Pyramide.

Selbstverwirklichung
Wertschätzung
Soziale Beziehungen
Sicherheit
Physiologisches Wohlergehen

Abb. 23

Der Schwerpunkt der Motivation liegt zunächst eindeutig auf den physiologischen Bedürfnissen. Die diesem Verhalten zugrunde liegenden Bedürfnisse werden bestimmt von der Notwendigkeit, zunächst einmal die materiellen Anforderungen zu erfüllen bzw. das »notwendige Kleingeld« dafür zu beschaffen. Diese das Verhalten lenkenden Triebkräfte werden jedoch nicht für lange Zeit von den physiologischen Bedürfnissen beherrscht. Sobald sie erst einmal (zumindest partiell) befriedigt sind, bilden sie nicht länger den Schwerpunkt. Der Mensch bewegt sich in *Maslows* Hierarchie weiter nach oben, wobei sein Verhalten von der jeweils nächsten Stufe der Bedürfnishierarchie bestimmt wird. Dieser Prozeß setzt sich fort, bis die Spitze der Hierarchie erreicht ist. Solange die Bedürfnisse einer unteren Ebene befriedigt sind, werden die das Verhalten lenkenden Triebkräfte eher ganz oben als ganz unten in der Hierarchie zu finden sein.

Robinson Crusoe, die berühmte Figur aus dem Roman von *Daniel Defoe*, ist ein besonders anschauliches Beispiel für diesen Prozeß. Der Schiffbrüchige erreicht ein einsames Eiland. Zuerst macht er sich daran, seine physiologischen Bedürfnisse zu befriedigen, also Nahrung und ein Dach über dem Kopf zu finden. *Defoe* beschreibt sehr einprägsam, daß in diesem Stadium nichts anderes in Robinsons Kopf Platz hat. Sobald diese Bedürfnisse auch nur halbwegs befriedigt sind, wird ihm jedoch schlagartig bewußt, daß er vielleicht nicht lange allein bleiben wird. Sein Schwerpunkt verschiebt sich

162

auf einmal zu dem Bedürfnis, sich vor anderen Lebewesen zu schützen, die seine Sicherheit gefährden könnten. Erst als er seine Festung gebaut hat, die er gegen alle Angreifer verteidigen kann, fängt er ernsthaft an, sich zu wünschen, daß wirklich jemand kommen möge. Nachdem sein Sicherheitsbedürfnis gestillt ist, wird er jetzt von seinem Bedürfnis nach Gesellschaft angetrieben, einem sozialen Bedürfnis. Er geht dann sogar große Risiken ein, um Freitag zu retten und so sein Bedürfnis zu stillen. Der Rest der Geschichte zeigt dann ganz klar, wie sich Robinson Crusoe in der *Maslow*schen Bedürfnishierarchie nach oben arbeitet. Die Gesellschaft Freitags alleine reicht nicht mehr aus. Angetrieben von seinem Bedürfnis nach Wertschätzung, macht er sich daran, sich Freitag untertan zu machen. Auch das ist jedoch noch nicht genug. Als alle anderen Bedürfnisse gestillt sind, fängt er an, sich selbst zu verwirklichen und Freitag zu erziehen.

Für Manager ist das von *Maslow* gezeichnete Bild nicht sehr angenehm. Es ist sehr einfach, davon auszugehen, daß diejenigen, die man motivieren muß, nur von den in der Hierarchie unten angesiedelten Bedürfnissen angetrieben werden, denn diese Bedürfnisse kann man leicht mit reichlich Geld befriedigen. Das ist auch der Grund, warum die Verlierer im Organisationsspiel darauf bestehen, die Fiktion aufrechtzuerhalten, daß Menschen nur durch materiellen Lohn motiviert werden könnten. Das enthebt sie schließlich der schwierigen Aufgabe, Mitarbeiter als Individuen zu behandeln, die vielleicht Bedürfnisse haben, die nicht so leicht zu befriedigen sind. Es ist jedoch eine gefährliche Strategie, zu verkennen, was die Menschen wirklich motiviert, was sie wirklich treibt. Das gilt vor allem, wenn Sie eher die Seelen der Menschen kaufen als nur ihre kurzfristige Willfährigkeit erreichen wollen.

Die Menschen werden nicht durch hoch in der Hierarchie angesiedelte Bedürfnisse getrieben, solange weiter unten in der Hierarchie angesiedelte dominieren. Sobald die Grundbedürfnisse gestillt sind, läßt sich diese Motivationsquelle nicht mehr dazu einsetzen, andere Ihrem Willen gefügig zu machen. Sich auf die niedriger angesiedelten Bedürfnisse als Motivationsquelle zu verlassen wird im günstigsten Falle dazu führen, daß Sie von denen, auf die Sie angewiesen sind, wenn Sie etwas erreichen wollen, nicht die gewünschten Ergebnisse bekommen. Im schlimmsten Fall führt es zur Entfremdung. Wie nötig es ist, diesen Aspekt der *Maslow*schen Hierarchie ernst zu nehmen, läßt sich am besten durch zwei Beispiele zum Verhalten in Organisationen zeigen. Bei der Interpretation bietet der Bezug auf *Maslow* große Hilfe.

Huw Beynon berichtet in einem Buch über das Ford-Werk in Dagenham von hochbezahlten Industriearbeitern. In den siebziger Jahren herrschte Vollbeschäftigung. Facharbeiter konnten also davon ausgehen, im Zweifelsfall ohne allzugroße Schwierigkeiten einen neuen Job zu finden. Die Gemeinschaft am Arbeitsplatz stillte ihre sozialen Bedürfnisse, und durch die hohen Löhne genossen sie unter ihren Freunden und Bekannten hohes Ansehen. Normalerweise würde man jetzt davon ausgehen, daß die Arbeiter bei Ford sehr zufrieden waren und daß es ihnen Spaß machte, für hohe Löhne gute Ergebnisse zu erzielen. *Beynons* Studie zeigt jedoch ein hohes Maß an Unzufriedenheit, Arbeitsunwilligkeit und Unruhe unter der Belegschaft. Er fand sogar Verhaltensweisen vor, die schon fast an Sabotage grenzten. So beschreibt er zum Beispiel junge Mitarbeiter, die aus Klebstoff kleine »Granaten« bastelten, sie zündeten, in Abfallbehälter warfen und dann den meterhoch auflodernden Flammen zuschauten.

In *Beynons* Studie konnten weder die Führungskräfte noch die Arbeitnehmervertreter verstehen, warum die Beschäftigten mit ihrer Situation so unzufrieden waren. Diese Arbeiter haßten einfach ihre monotonen Jobs, die sich aus der Gräßlichkeit der Fließbandarbeit ergaben. Die Grundbedürfnisse waren erfüllt. Sie drängte es nach Befriedigung höher angesiedelter Bedürfnisse. Diesen Wunsch aber konnte das Werk, so wie es angelegt war, nicht erfüllen.

Das zweite Beispiel stammt aus den achtziger Jahren, in denen der Finanzdienstleistungssektor in Großbritannien extrem stark wuchs. Parallel zum ehrlichen Handel florierten natürlich Korruption und Transfers am Rande der Legalität. Während jener Jahre erlebte die City of London einige der schlimmsten Skandale ihrer Geschichte. In einen dieser Skandale war ein Wertpapierhändler verwickelt, den ich hier der Einfachheit halber Rupert nennen möchte.

Es war in der City allgemein bekannt, daß Rupert seinen langweiligen Job haßte, obwohl er ein sechsstelliges Jahresgehalt bezog. Für sein Finanzgeschick würde es immer einen Markt geben. Mit seinem Team bildete er eine eng zusammengeschweißte Mannschaft. Da er in seinem Bereich zu den führenden Köpfen zählte, genoß er großes Ansehen in der City. Alle seine in der Hierarchie niedrig angesiedelten Bedürfnisse waren befriedigt – aber er haßte seine Arbeit. Als er kündigen wollte, verdoppelte sein Chef sein ohnehin schon nicht geringes Salär. Rupert blieb trotz der Tatsache, daß er – wie die Arbeiter in *Beynons* Studie – keinen Spielraum hatte, um sein inzwischen wichtigstes Bedürfnis zu befriedigen: Selbstverwirklichung. Sechs Monate später führte das Wirtschaftsministerium eine große Untersuchung einer jener Transaktionen durch, bei der Rupert mitgewirkt hatte. Er und seine Kollegen hatten sich, nachdem es sich als unmöglich erwiesen hatte, die gewünschte Befriedigung aus der Arbeit zu ziehen, darangemacht, »das System zu überlisten«, unsaubere Geschäfte zu machen. Dabei ging es ihm nicht ums Geld, sondern ums Prinzip. Sein Unternehmen wurde verurteilt, und Rupert selbst wird nie wieder an einer britischen Börse zugelassen werden.

Beide Beispiele machen eines ganz deutlich. In beiden Fällen gingen die Akteure einer Arbeit nach, die den Schwerpunkt ihrer Motivationsgrundlage an die Spitze der *Maslow*schen Hierarchie katapultiert hatte. Die für sie Verantwortlichen dachten aber nur in den Dimensionen der äußeren, materiellen Belohnungen, als es darum ging, sie einzubinden und dem

Unternehmen zu verpflichten. Es kam den entsprechenden Managern überhaupt nicht in den Sinn, daß sie sich zwar die Gefügigkeit der einzelnen gekauft hatten, aber nicht auch ihre Seelen. Statt dessen vertrauten sie auf das altbekannte Managementrezept der höheren Entlohnung. Geld war aber nicht der Grund des Problems. Mehr Geld machte das Problem nur noch schlimmer. Den Arbeitern bei Ford und auch Rupert wurden so nur goldene Handschellen angelegt. Ihrer Arbeit entfremdet, hatten sie keinen Spielraum, in dem sie ihr Bedürfnis nach Selbstverwirklichung hätten befriedigen können. Sie konnten andererseits aber auch nicht auf die hohe materielle Entlohnung verzichten, die sie für ihre Arbeit erhielten. Da ihre Arbeitgeber die richtige Währung nicht kannten, mit der sie ihnen diese Befriedigung hätten verschaffen können, wählten sie ihren eigenen - destruktiven - Weg, um zu ihrer Befriedigung zu gelangen.

Ihre eigenen Erfahrungen:

- Können Sie sich an eine Zeit erinnern, zu der Sie sich auf nichts konzentrieren konnten, weil Sie hungrig oder durstig waren?
- Kennen Sie einen Besserverdienenden, der seine Arbeit trotz der guten Bezahlung haßt?
- Waren Sie jemals versucht, ihre Stelle für eine ausfüllendere, aber schlechter bezahlte Arbeit aufzugeben?

So kaufen Sie Seelen

Ich hoffe, inzwischen habe ich Sie überzeugt, daß Sie in Ihrem Machtstreben die Mitarbeit anderer dringend benötigen. In jeder Phase Ihres Managerdaseins muß Ihnen diese Einsicht präsent sein. Wenn Sie Ihre Macht vergrößern wollen, muß all dies integraler Bestandteil Ihres Denkens und Handelns werden. Sie haben mit Individuen zu tun. Da hilft es wenig, so zu tun, als ob sich alle in Ihrem Umfeld durch die gleichen Belohnungen motivieren ließen. Unterschiedliche Menschen haben unterschiedliche Bedürfnisse, die zu befriedigen sind. Sie müssen flexibel genug sein, um bei jedem einzelnen herauszufinden, wie Sie die bestmögliche Zusammenarbeit erkaufen können.

Dieses Kaufen der Seelen dürfen Sie jedoch nicht als eine einmalige Transaktion zwischen Manager und Gemanagtem sehen. Sie müssen das Ganze so gestalten, daß die Motivationsbedürfnisse Ihrer Mitarbeiter gestillt werden, während sie für Sie tätig sind.

Frederick Herzberg bietet für dieses Problem des Gestaltens und Aufrechterhaltens einer entsprechenden Arbeitsumgebung eine praktische Lösung. Seine Ideen können als grobe Blaupause dafür dienen, wie man die Seelen der Menschen in einer Organisation kauft und sicherstellt, daß dieser Zustand auch erhalten bleibt. Er verficht die These, daß das Problem auf zwei Arten anzugehen sei.

Zunächst muß sichergestellt werden, daß der Arbeitsplatz Spielraum bietet zur Erfüllung der nach *Maslow* in der Hierarchie niedrig angesiedelten Bedürfnisse. Für *Herzberg* sind Geld, Status und Sicherheit die ersten zentralen Bereiche, um die man sich kümmern muß. Folgende Punkte sind daher zu berücksichtigen, wenn Sie wollen, daß Ihre Mitarbeiter mit Erfolg für Sie arbeiten:

- Bezahlen Sie sie angemessen.
- Vermitteln Sie ihnen das Gefühl, in der Organisation anerkannt zu sein.
- Machen Sie ihnen deutlich, daß ihr Arbeitsplatz sicher ist, soweit die Wirtschaftslage es zuläßt.

Die materiellen Arbeitsbedingungen müssen die besten sein, die für den jeweiligen Arbeitsplatz möglich sind. Einige aber sind nun einmal staubig, gefährlich oder sehr hektisch. Dieses Argument darf jedoch nie als Ausrede herhalten. Arbeitsbedingungen dürfen auf keinen Fall unangenehmer sein als unbedingt notwendig.

Anschließend gilt es, die sozialen Komponenten des Arbeitsplatzes anzugehen. Wenn es Ihren Mitarbeitern möglich sein soll, ihre sozialen Bedürfnisse zu befriedigen, müssen zwischenmenschliche Beziehungen herrschen, die zu einer guten Arbeitsatmosphäre beitragen. Ein Großteil Ihrer Aufgabe als Manager besteht darin, sicherzustellen, daß Sie das Unternehmens- bzw. Abteilungsklima nicht durch übereifriges und autokratisches Verhalten vergiften. Es darf Ihnen nicht darum gehen, dem Trieb Ihres eigenen ÜBER-ICH nachzugeben, das auf Kontrolle oder Bestrafung drängt. Ihnen muß es darum gehen, Ergebnisse zu erzielen.

Damit allein können Sie die Seelen Ihrer Mitarbeiter jedoch nicht erkaufen. So wichtig diese Punkte auch sind, sie alleine werden noch nicht für eine voll motivierte Mannschaft sorgen. Um in der *Maslow*schen Terminologie zu bleiben, werden hiermit zwar die in der Hierarchie unten angesiedelten Bedürfnisse befriedigt. Die weiter oben angesiedelten Bedürfnisse nach Selbstverwirklichung bleiben aber völlig unberücksichtigt. *Stillen Sie diese höher angesiedelten Bedürfnisse, und Sie werden in der Lage sein, die Seelen derjenigen zu kaufen, die für Sie arbeiten.* Wenn Sie das nicht schaffen, werden Sie auch die erwünschten Ergebnisse nicht erzielen.

Herzberg empfiehlt deshalb, die hochwirksamen psychologischen Entgelte einzusetzen, die ihren Ursprung in der Spitze der *Maslow*schen Hierarchie haben, in der Selbstverwirklichung. Die Arbeitsumgebung, für die Sie zuständig sind, muß für jeden eine Möglichkeit bieten, seine ganz individuellen höheren Bedürfnisse zu befriedigen. Menschen müssen aus ihrer Arbeit ein Gefühl von erbrachter Leistung ziehen können. Sie müssen sehen können, daß die zugewiesene Arbeit einen Sinn hat, dem sie gerecht werden und auf den sie stolz sein können. Bei der Arbeitsplanung müssen Sie dies immer berücksichtigen, auch wenn es um nachgeordnete Arbeitsplätze geht.

Menschen brauchen eine Möglichkeit, sich persönlich weiterzuentwickeln. Sie müssen das Gefühl haben können, daß sie für ihr unmittelbares Arbeitsumfeld verantwortlich sind, und sei diese Verantwortung auch noch so minimal. Sie wollen nicht einfach nur Rädchen in einem Räderwerk sein, auf das sie sowieso keinen Einfluß haben. Am allerwichtigsten ist jedoch, daß sie aus ihrer Arbeit ein Gefühl der Anerkennung ziehen. Anerkennung ist die mächtigste Quelle psychologischen Entgelts. Wenn Sie wollen, daß andere für Sie Ergebnisse erzielen, müssen Sie ihnen das Gefühl vermitteln, daß sie nicht nur ihr Scherflein zum Organisationserfolg beitragen, sondern daß ihr Beitrag auch anerkannt wird und daß sie selbst geschätzt werden. Wenn Sie das schaffen, werden genau diese Menschen für Sie die Ergebnisse erzielen, die Sie zum Sieger machen.

Ihre eigenen Erfahrungen:

- Haben Sie sich je gefragt: Was habe ich diese Woche gemacht?
- Arbeiten Sie besser, wenn Sie das Gefühl haben, daß Sie ihr Arbeitsumfeld selbst steuern können?
- Haben Sie schon einmal dieses wohlige Gefühl von Befriedigung verspürt, wenn Ihr Chef die von Ihnen unternommenen Anstrengungen honoriert hat?
- Haben Sie jemals diese innere Stimme vernommen, die voller Stolz sagte: »Da habe ich mitgewirkt«?

Noch ein weiteres Beispiel soll zur Veranschaulichung dienen: *Old Seth* hatte nach dem Zweiten Weltkrieg einen eigenen Produktionsbetrieb aufgemacht. Während des Krieges hatte er gelernt, wie sich Elektrizität zur Arbeitsersparnis einsetzen ließ. Mit seinem gesparten Geld pachtete er das obere Stockwerk einer stillgelegten Spinnerei und begann mit der Produktion elektrischer Wasserkocher. Sie verkauften sich hervorragend, und Old Seth verdiente bald blendend.

Anfang der siebziger Jahre wollte er sich aus dem Arbeitsleben zurückziehen. Seine Söhne wollten den Betrieb jedoch nicht übernehmen. Sie hatten sich in anderen Bereichen eine berufliche Karriere aufgebaut. Sein Enkel aber gehörte zu einer Generation, für die das produzierende Gewerbe Erfolg versprach. Old Seth setzte sich also zur Ruhe, frönte seinen Hobbys und übergab das Geschäft an seinen Enkel.

Als der Enkel sich nun die Bücher anschaute, überkam ihn das kalte Grausen. Das Unternehmen machte kaum Gewinn. Es bestand überhaupt nur noch, weil immer wieder reichlich aus früheren Gewinnen eingeschossen worden war. In den letzten Jahren hatte Old Seth das Geschäft nicht mehr zur Gewinnerzielung, sondern als teures Hobby betrieben.

Es schien kein rationelles und gewinnversprechendes Produktionssystem zu geben. Die Arbeit war immer noch so organisiert, daß sie einem speziellen Bedürfnis gerecht wurde, das es vor langer Zeit einmal gab. Was noch schlimmer war: Es gab keine anständige Produktionsstatistik und keine Qualitätssicherung. Der junge Seth machte sich daran, das alles grundlegend zu ändern.

Die Belegschaft bestand hauptsächlich aus Frauen mit Teilzeitjobs. Der junge Seth dachte, er sei bei einem Kaffeekränzchen gelandet. Es wurde viel geschwatzt, aber nicht genug gearbeitet. Hier galt es nun, eine durchorganisierte Fertigung einzuführen. Jede der Frauen würde ab jetzt nur noch eine bestimmte Arbeit ausführen und das Halbzeug mit Hilfe des neuen Fließbands an die nächste Station weiterreichen. Um sicherzustellen, daß sich die Frauen wirklich auf die Arbeit und nicht auf ihre Unterhaltungen konzentrierten, erhielt jede ihre eigene Kabine, die von der nächsten durch eine zwei Meter hohe Trennwand abgeschottet war.

Außerdem gab es noch eine weitere Veränderung. Früher waren die Frauen zwischendurch zum Materiallager gegangen und hatten sich ihr Material selbst geholt. Dabei kam es immer zu einem Schwätzchen mit Joe, dem einbeinigen Lagerverwalter, und einer Zigarettenpause. Nach dem neuen System fuhr Joe mit einem kleinen Wagen von einer zur anderen und brachte das benötigte Material vorbei.

Der Enkel war begeistert, die Produktionszahlen schossen in die Höhe. Dafür aber tauchten jetzt Schwierigkeiten mit der Qualität auf. Zum erstenmal in der Firmengeschichte gab es Retouren wegen Mängeln. Bei der Einführung eines Qualitätssicherungssystems ergab sich ein inakzeptabel hoher Prozentsatz an Mängelware. Auch mit der Belegschaft gab es Probleme. Frauen, die seit Jahren bei Old Seth gearbeitet hatten, kündigten. Neue Mitarbeiter mußten eingestellt und angelernt werden. Dies alles kostete wertvolle Managementzeit. Die Kranken- und Fehlzeiten stiegen stark an. Unter Old Seth war dies nie ein Problem gewesen. Jetzt aber ging ein großer Teil der Produktionszeit verloren. Die Frauen, deren Nebenverdienst ihren Familien das Geld für Extras bescherte, hatten die Lust an der Arbeit verloren. Der materielle Lohn allein reichte ihnen nicht.

Seth war entschlossen, vor seinem Großvater nicht das Gesicht zu verlieren, und holte eine Unternehmensberatung ins Haus. Die Berater wußten, wie man die Seelen der Menschen kauft. Sie schlugen folgende Veränderungen vor, die im übrigen den Grundzügen dieses Buches entsprechen:

- Schaffen Sie die Kabinen ab, und ermutigen Sie die Frauen, sich bei der Arbeit zusammenzusetzen und zu plaudern. Wenn Sie zulassen, daß die Frauen ihre sozialen Bedürfnisse befriedigen, werden sie sich mit dem Produktionsprozeß identifizieren wollen. Damit nutzen Sie das Konzept der sozialen Aktivierung.
- Schaffen Sie das Fließband ab. Lassen Sie jeden Mitarbeiter einen kompletten Wasserkocher fertigen und nicht nur

einen bestimmten Handgriff ausführen. Menschen wollen ganz einfach sehen, daß sie mit ihrer Arbeit etwas Sinnvolles herstellen. An dreihundert Kochern herumzuschrauben ist nicht gerade ein sinnvolle Arbeit, aber dreißig komplett herzustellen ist es.

● Erlauben Sie den Frauen, sich wieder selbst ihr Material zu holen. Die Arbeitsunterbrechung hat zwei positive Effekte. Erstens wird besser gearbeitet, wenn eine monotone Routine unterbrochen werden kann. Zweitens, und das ist wichtiger, wird besser gearbeitet, wenn die Menschen das Gefühl haben, ihr Arbeitstempo selbst bestimmen zu können.

● Führen Sie flexible Arbeitszeiten ein. Die in Ihrem Betrieb beschäftigten Mitarbeiterinnen müssen auch noch die Ansprüche ihrer Familien und Kinder erfüllen. Wenn Sie hier einen Konsens erreichen, gewinnen die Frauen das Gefühl, für ihre Arbeit selbst verantwortlich zu sein. Führen Sie also Job-sharing und gleitende Arbeitszeiten ein.

● Kennzeichnen Sie die Kocher, so daß ersichtlich ist, wer das jeweilige Einzelstück hergestellt hat. Auch aus Gründen der Qualitätskontrolle ist es sinnvoll, Mängel bis zu ihrem Ursprung zurückverfolgen zu können. Geben Sie jeder Mitarbeiterin ihr eigenes Schildchen, das an die von ihr gefertigten Kocher gelötet wird. Diese Personalisierung hat außerdem noch den großen Vorteil, daß sich die Frauen für das Unternehmensergebnis verantwortlich fühlen. Wenn, wie in Seths Fall, der Hauptabsatzmarkt für das gefertigte Produkt in der direkten Umgebung des Betriebes liegt, sind die Mitarbeiterinnen und ihre Familien bekannt, und die Käufer der Wasserkocher werden auf das Schildchen achten, um zu sehen, ob er von einer Bekannten gefertigt wurde.

Das Unternehmen wuchs und wuchs und wuchs ...

7 Nur Führungspersönlichkeiten siegen

Wer als Manager siegen will, muß aktiv werden oder, salopp gesagt, erst einmal »seinen Hintern hochkriegen«.

Für Sie heißt das ganz konkret, Wege zu finden, Ihren im ES verschlossenen Willen zum Sieg freizusetzen und ihn mit einer Reihe von neuen Regeln für das ÜBER-ICH zu verbinden. Bei diesen Regeln müssen Sie die Betonung darauf legen, daß Sie zu *Ihren* Bedingungen siegen wollen.

Der Wille allein aber reicht noch nicht aus. Es reicht nicht, nur Ihren Willen spielen zu lassen, wenn Sie Ihr Umfeld und die Menschen in Ihrem Umfeld beherrschen wollen. Hierzu muß dieser Wille in *Führung* umgesetzt werden.

Wenn man sich mit Führung auseinandersetzt, geht es hauptsächlich darum, herauszufinden, wie siegreiche Manager wohl am ehesten positive Ergebnisse in der Organisation erzielen können. Es geht darum, wie Entscheidungen gefällt werden und wie man sie effizient umsetzt. Führung handelt davon, Ergebnisse auch unter schwierigen Bedingungen zu erreichen. Sie sind schließlich darauf angewiesen, daß andere für Sie arbeiten. (Wie wir ja bereits gesehen haben, sollte man den Willen zur Zusammenarbeit und Gefügigkeit anderer nicht als selbstverständlich voraussetzen.) In diesem Kapitel geht es nun darum, wie Führung Ihnen dabei helfen kann, Ihrer Umwelt Ihren Willen aufzuzwingen.

Wie schon bei den bisher abgehandelten Aspekten des Managements gibt es auch im Bereich der Führung viele gefährliche Vorstellungen. Sie können Sie, wenn Sie sich über ihre Auswirkungen nicht klar sind, in die falsche Richtung führen. Mit dem Begriff »Führung« verbinden sich noch mehr hirnrissige Vorstellungen als mit allen anderen Aspekten des Managements. Die meisten von ihnen haben ihren Ursprung in der Psyche des Managers.

Erwähnen Sie nur das Wort »Führung«, verwandeln Manager sich in vor Ehrfurcht erstarrende Wesen. Führung ist *der* »Heilige Gral« für den aufstrebenden Manager. Führungspersönlichkeiten sind eine »Elite« mit »außergewöhnlichen« Eigenschaften. Und jeglicher Hinweis darauf, daß ein Manager vielleicht nicht über die notwendigen Führungsqualitäten verfüge, wird als Affront gegen sein ureigenes Selbstverständnis aufgefaßt. Manager scheinen zu ihren Führungsfähigkeiten ungefähr dasselbe Verhältnis zu haben wie die meisten Männer zu ihrer Männlichkeit – jegliches Infragestellen ruft sofort heftigsten Widerstand hervor.

Ihre eigenen Erfahrungen:

● Was verstehen Sie unter dem Begriff »Führung«?
● Führen Sie die Charaktereigenschaften auf, die in Ihren Augen eine gute Führungspersönlichkeit ausmachen.

Die meisten Menschen denken beim Begriff Führung an eine ganze Reihe von Persönlichkeitsmerkmalen. Wir zählen einige der Charaktereigenschaften auf, die in diesem Zusammenhang in der Literatur und auch in Umfragen immer wieder genannt werden:

● Beständigkeit,
● Bestimmtheit,
● Charisma,
● Ehrgefühl,
● Fairneß,
● Flexibilität,
● Humor,
● Integrität,

- Intelligenz,
- Interesse an Menschen,
- Mut,
- Urteilsvermögen,
- Vertrauenswürdigkeit,
- Willenskraft,
- Wissen.

Lassen Sie sich diese Begriffe einmal durch den Kopf gehen. Sie lesen sich wie eine Auflistung der idealen Charaktereigenschaften eines Pfadfinders und sagen überhaupt nichts darüber aus, wie man Menschen führt. Versuchen Sie doch einmal, diese Liste auf erfolgreiche Führungspersönlichkeiten in der internationalen Politik anzuwenden. Dann werden Sie verstehen, was ich meine: Denken Sie etwa an Ronald Reagans »Charisma«, an Joseph Stalins »Interesse an Menschen«, an Adolf Hitlers »Fairneß«, an Margaret Thatchers »Flexibilität« und so weiter, und so fort. Den meisten dieser erfolgreichen Politiker fehlten einige, wenn nicht gar die meisten der oben aufgeführten Eigenschaften. Außerdem ist keinesfalls sicher, ob sich ein Mensch, der wirklich alle diese Charaktermerkmale sein eigen nennt, überhaupt dazu eignen würde, Menschen dazu zu bringen, für ihn zu arbeiten. Die Schwierigkeit bei dem von den Eigenschaften ausgehenden Ansatz liegt darin, daß er zu einer Definition der Führung führt, die sich wirklich nicht als Modell für die reale Welt eignet.
Wer als Manager siegen will, sollte die obengenannten Charaktereigenschaften einfach ignorieren. Wenn man sich auf den Grundgedanken der Führung konzentriert, betont man besser die Macho-Einstellung »Ich bin der Boß!« Das ist aber nur eine der möglichen Strategien, um Menschen dazu zu bringen, wirklich Resultate zu erzielen. Es gibt eine ganze Reihe unterschiedlichster Ansätze zur Entscheidungsbildung und -findung in Organisationen. Sie müssen nur lernen, welcher Ansatz in welcher Situation der beste ist – und diese Situationen können und werden sich ständig ändern.

John Adair nimmt in seinem Buch *Training for Leadership* einen mehr pragmatisch orientierten Standpunkt ein. Er definiert die Rolle des Managers so, daß er der Verantwortliche dafür ist, sicherzustellen, daß sein Team die ihm gestellten Aufgaben erledigt. Er argumentiert, eine Führungspersönlichkeit erreiche dies am besten durch Aufteilung der Aufgabe in drei Bereiche (wie in der folgenden Grafik dargestellt). Außerdem muß der Manager seine Gruppe zu einem einheitlichen Gebilde verschmelzen, wobei er die Charaktereigenschaften derjenigen, die zu einer Gruppe gehören wollen, zu seinem Vorteil nutzen sollte. Dies reicht jedoch noch nicht aus, um Menschen zum Handeln zu bringen. Die dritte Zutat zu *Adairs* Rezept ist daher das Interesse an den Bedürfnissen des einzelnen. Hier kommt dann das Wissen darüber, wie ich die Seelen einzelner Mitarbeiter kaufe, ins Spiel. Der siegreiche Manager kennt seine Pappenheimer und lernt, ihre Unterstützung und ihren Enthusiasmus für seine Zwecke zu gewinnen. Für *John Adair* sind erfolgreiche Führer die, die in der Lage sind, alle drei Aspekte gleichmäßig abzudecken, um auf effektive Art wirkliche Resultate zu erzielen.

Als siegreicher Manager müssen Sie erkennen, daß unterschiedliche Situationen unterschiedliche Verhaltensweisen erfordern. Verlierer, die von angeblich »notwendigen« Qualitäten besessen sind und auf keinen Fall Zeichen von Schwäche zeigen wollen, werden sich mit einem einzigen Verhaltensmuster begnügen. Nach diesem Muster sind sie für alle der »große Boß«, auch für sich selbst. Der siegreiche Manager wird jedoch eine ganze Reihe von Verhaltensmustern einsetzen und so seine Ziele auf subtilere Art erreichen. Sie werden sich mehr um das Erreichen von Zielen kümmern als darum, Härte zu zeigen. (Mit Härte würden Sie nur Ihrem ÜBER-ICH und dem darin verwurzelten Verständnis dessen, wie sich ein Macho-Manager zu verhalten hat, einen großen Dienst erweisen.)

Wenn Sie sich einmal für einen Ansatz wie den *Adairs* entschieden haben, können Sie das illusionäre Streben nach den guten Charaktereigenschaften eines Pfadfinders hinter sich lassen und sich statt dessen auf die Suche nach den Verhaltensweisen konzentrieren, die der effektiven Erfüllung Ihrer Aufgaben wirklich förderlich sind.

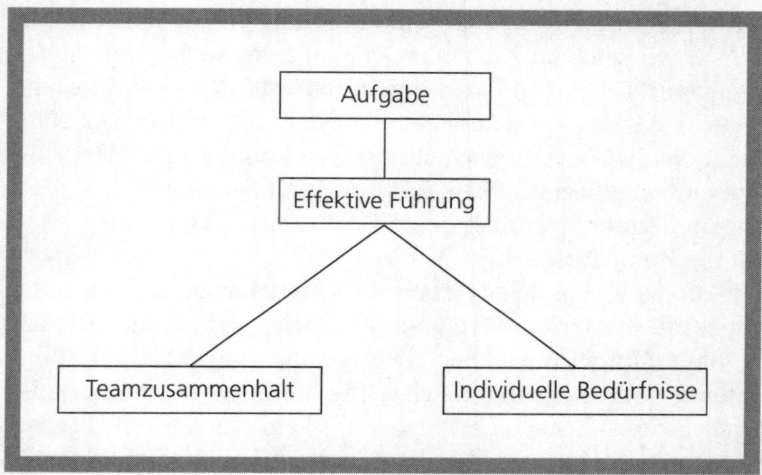

Abb. 24

Die Aufgabe und die Menschen

Die meisten Manager haben so gut wie keine Ausbildung und Erfahrung in der Kunst der Menschenführung. Sie sind in ihre Positionen befördert worden, weil sie gute Ergebnisse vorweisen konnten. Im Bereich der Menschenführung aber sind sie auf das angewiesen, was in der Vergangenheit funktioniert hat. Das notwendige Grundwissen beziehen sie vom Vorgänger oder aus Erfahrungen der Vergangenheit. Nur äußerst selten überlegen sie sich, ob es wohl einen effektiveren Weg gibt, die gesetzten Ziele zu erreichen.

Einige Manager, die sich keine ernstlichen Gedanken über die Kunst der Menschenführung machen, glauben, daß die zu erledigende Aufgabe wichtiger ist als die beiden anderen von

177

Adair hervorgehobenen Aspekte – die Bedürfnisse des einzelnen und der Zusammenhalt des Teams. Die Frischlinge in diesem Geschäft sind vielleicht sogar der Ansicht, daß jegliche andere Gewichtung und der daraus resultierende Stil ihre Glaubwürdigkeit bei Mitarbeitern und Kollegen untergraben könnte. Wirkliche Manager sind aufgabenorientiert! Andere, die sich vielleicht aus der bunten Schar der vorhandenen Managementliteratur einige wenige nützliche Theorien herausgesucht haben, konzentrieren sich bei *Adairs* Konzept vielleicht eher auf die Menschen und ihre Bedürfnisse. Wenn sie erst einmal erkannt haben, daß die Menschen der zentrale Bestandteil einer Organistion sind, konzentrieren sie sich ganz auf die Bedürfnisse ihrer Mitarbeiter.

Wie Manager bei ihrer Arbeit die Orientierung an den Menschen mit der Orientierung an der Sache verbinden, läßt sich in einer Matrix darstellen. Die X-Achse steht für die Menschenorientierung, die Y-Achse für die Sach- oder Ergebnisorientierung. Je nach Erfahrung wird ein Manager die beiden Komponenten verschieden gewichten. Möglich sind folgende Konstellationen:

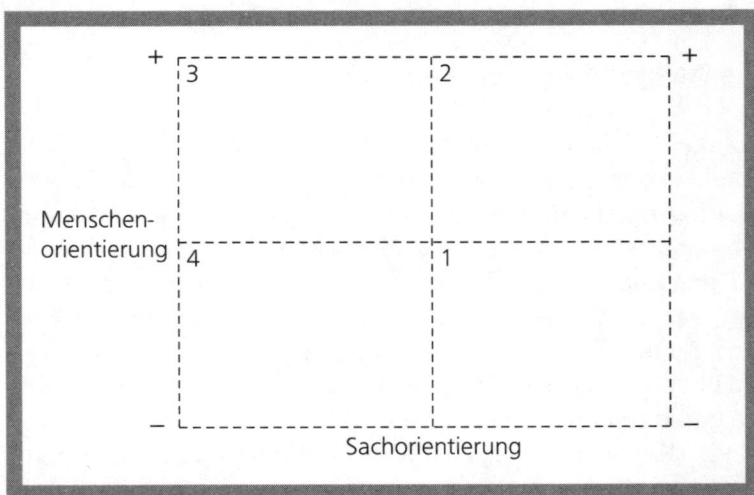

Abb. 25

Aus dieser Matrix ergeben sich vier mögliche Führungsstile:

① *Hohe Sachorientierung/*
niedrige Menschenorientierung:
Für diesen Typ Manager sind die Bedürfnisse der arbeiten-
den Menschen und des unternehmerischen Systems unvereinbar. Die Sache ist wichtiger als die Bedürfnisse der Menschen.

② *Hohe Sachorientierung/*
hohe Menschenorientierung:
Für diesen Manager gibt es keinen Konflikt zwischen den Bedürfnissen der Menschen und denen des Unternehmens.
Durch gute und einfühlsame Führung lassen sich die Bedürfnisse der Menschen mit denen des Betriebes verbinden, ohne
daß eine der beiden Seiten darunter leiden müßte.

③ *Niedrige Sachorientierung/*
hohe Menschenorientierung:
Dieser Managertyp entspricht ungefähr dem, was *Robert*
Blake und *Jane Mouton* den »Glacéhandschuh-Manager« genannt haben. Für ihn liegt der Schwerpunkt auf den Menschen und ihren Bedürfnissen, denn ohne sie läuft in einem
Unternehmen gar nichts, und die Bedürfnisse des Teams werden bei diesem Manager immer allerhöchste, wenn auch nie
alleinige, Priorität haben.

④ *Niedrige Sachorientierung/*
niedrige Menschenorientierung:
Auch wenn es unwahrscheinlich klingt, diese Art von Führungsstil kommt nicht gerade selten vor. Der diesem Führungsstil frönende Manager wird natürlich an beiden Komponenten
genug Interesse zeigen, um die Grundvoraussetzungen dafür
zu schaffen, daß die Arbeit erledigt wird. Er wird jedoch in-
stinktiv sowohl zum Team als auch zum Unternehmen Abstand
wahren und sich statt dessen auf eingefahrene Verfahrenswei-
sen verlassen.

Wenn Sie sich diese Matrix anschauen, kommen Sie vielleicht zu der Überzeugung, daß es einen unbedingt zu bevorzugenden Stil gibt, den alle siegreichen Manager in allen Situationen verwenden sollten. Sicherlich ist es so auch verständlich, wenn Sie sich fragen, wann wohl Stil Nr. 4 (niedrige Sachorientierung/niedrige Menschenorientierung) in einem Unternehmen angebracht sein soll. *Paul Hershey* und *Kenneth Blanchard* würden jedoch eine solche Allerweltseinteilung in angebrachte und unangebrachte Führungsstile in Frage stellen. Sie haben ihrerseits eine Theorie entwickelt, die den Entwicklungsstand der zu führenden Arbeitsgruppe berücksichtigt, und behaupten, daß je nach Entwicklungsstufe ein anderer Führungsstil angebracht ist. Ich habe auf diese Theorie aufgebaut. Meiner Meinung nach sollte die Arbeit eines Managers - wo immer möglich - in Projekte aufgeteilt werden. Jedes Projekt hat einen klaren Beginn, eine Zwischenphase und eine Fortführungsphase. Hier ist es dann eher die Entwicklungsphase des Projekts und nicht der Entwicklungsstand der Arbeitsgruppe (wie bei Hershey und Blanchard), die nach unterschiedlichen Führungsstilen verlangt. In der nachfolgenden Grafik ist das Gleichgewicht zwischen Menschen- und Sachorientierung - von rechts nach links! - durch die verschiedenen Entwicklungsstufen eines Projekts hindurch dargestellt.

Am Anfang eines Projekt ist die wichtigste Aufgabe, die entsprechende Technologie des Produktionssystems einzuführen. In diesem Stadium des Lebenszyklus eines Projekts

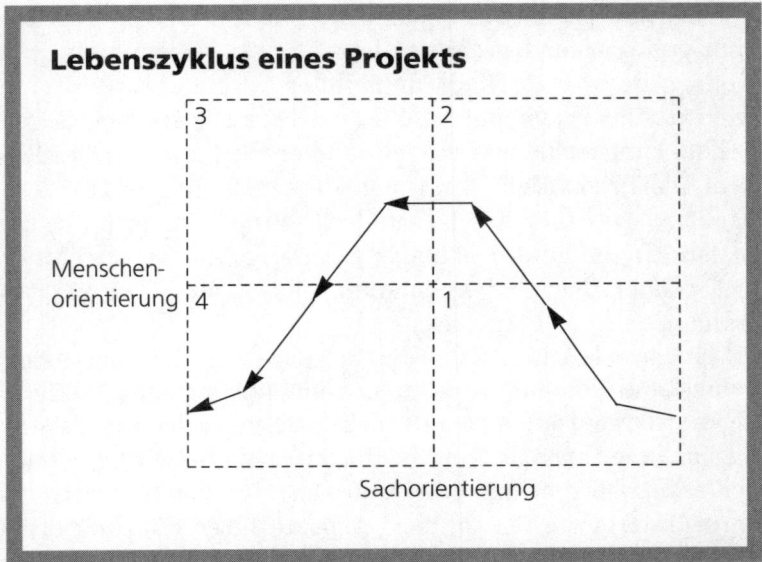

Lebenszyklus eines Projekts

Menschen-orientierung

Sachorientierung

Abb. 26

liegt die Betonung auf der Sache und der Produktion von Ergebnissen. Zwischenmenschliche Beziehungen sind hier (noch) nicht von großer Bedeutung. Im Gegensatz zu dem Modell von *Hershey* und *Blanchard*, deren Bezugsgröße die Reife der Gruppe ist, möchte ich jedoch betonen, daß ein Manager den Blick für die Bedürfnisse der Menschen nie verlieren darf. Sie werden bemerkt haben, daß auch am Anfang des Projektlebenszyklus die Menschenorientierung nie gleich Null ist. Sehr schnell jedoch müssen die Menschen wirklich beteiligt werden. Hierzu ist dann ein Führungsstil erforderlich, der die Beziehung betont, die es zwischen einer Befriedigung der Bedürfnisse der Produktion auf der einen und der Befriedigung der Bedürfnisse der Menschen auf der anderen Seite gibt.

Je weiter sich das Projekt entwickelt, um so mehr verschiebt sich die Betonung zu einem Führungsstil, der sich an den Menschen ausrichtet. Die für die Produktion notwendige

181

Technologie ist entwickelt und im Einsatz. Die Mitarbeiter sind entsprechend geschult. Jetzt ist ein Führungsstil notwendig, der die Dynamik aufrechterhält. Es gilt, das Team weiterzuentwickeln und den Zusammenhalt zu stärken. Gegen Schluß kann sich der Manager dann endlich etwas zurücklehnen. Die Produktion ist mit den Bedürfnissen des Teams in Einklang gebracht worden, und das Projekt kann mit minimalen Eingriffen des Managers weiterlaufen. Jetzt sollte er sich wieder dem Anfangsstadium eines weiteren Projektes widmen.

Es gibt zwei Möglichkeiten, dieses Konzept des Projektlebenszyklus und der damit verbundenen Führungsstile in Ihrer eigenen Organisation zu nutzen. Zunächst können Sie feststellen, was von Ihnen an Anstrengungen erwartet wird. Sie müssen erkennen, wo Ihre Stärken und Schwächen und auch wo Ihre Präferenzen für spezielle Aspekte Ihrer Führungstätigkeit liegen. Dann müssen Sie die entsprechenden Maßnahmen treffen, um sicherzustellen, daß Ihr Führungsstil trotz Ihrer Schwächen und Präferenzen der jeweiligen Projektphase entspricht. Die von *Herbert Hicks* und *Ray Gullett* beschriebenen vier Aufgabenbereiche eines Managers – Planung, Organisation, Motivation, Steuerung und Überwachung – können daher ohne Schwierigkeit den einzelnen Phasen des Projektlebenszyklus zugeordnet werden.

Eine zweite, wesentlich phantasievollere Möglichkeit besteht darin, das aus dem Konzept gewonnene Wissen dazu zu nutzen, seine Stärken auszuspielen. Anstatt zu versuchen, zu einem guten Allroundmanager zu werden, der in jeder Phase eines Projekts den entsprechenden Stil verwendet, können Sie zu einem Spezialisten mit ausgesprochenen Stärken werden. Wenn Sie sich beispielsweise wenig an Menschen, aber stark am Unternehmen orientieren, konzentrieren Sie sich in Ihrer Karriere vielleicht am besten auf Planungsaufgaben. Wenn Sie sich eher als »Glacéhandschuh-Manager« sehen, werden Ihre Talente am ehesten in der Motivationsphase von Projekten zum Tragen kommen.

Lebenszyklus eines Projekts

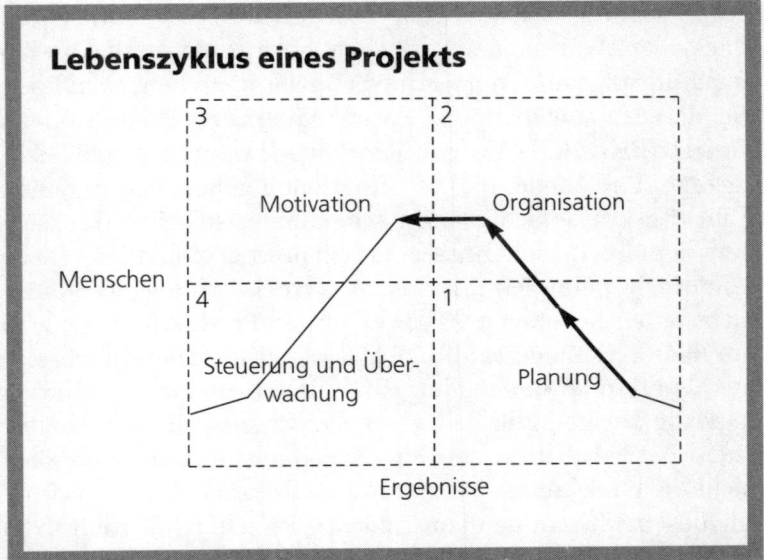

Abb. 27

Entscheiden und umsetzen

Eine andere Möglichkeit besteht darin, Ihre Entscheidungen in Form eines Verantwortungskontinuums zu planen:

Manager - - - - - - - Team

Am einen Ende dieses Kontinuums sind Sie derjenige, der die Entscheidungen trifft. Sie verkünden dann, was zu tun ist und wie. Am anderen Ende der Skala ist es das Team, das alle Entscheidungen fällt. Zwischen diesen beiden Extremen existiert natürlich eine unbegrenzte Zahl von Möglichkeiten, wie weit Sie oder Ihr Team zuständig sind. Trotz der Überzeugung vieler Verlierer gibt es für alle unterschiedlichen Möglichkeiten entlang dieser Skala eine entsprechende Situation und einen entsprechenden Zeitpunkt.

183

Bevor wir jedoch fortfahren, möchte ich noch einen Begriff klarstellen. Was meinen wir, wenn wir in unserer Diskussion der Führungsstile von »Mitarbeitern« sprechen? Manager, die die Annahmen und Einstellungen der »Theorie X« in ihrem ÜBER-ICH verinnerlicht haben, werden es vielleicht vehement ablehnen, daß es Situationen geben soll, in denen Führungskräfte nicht alle Entscheidungen selbst treffen, sondern andere in den Entscheidungsprozeß einbinden. Diese »anderen« meine ich mit dem Ausdruck »Mitarbeiter«, also nicht jeden beliebigen Arbeiter in der Produktion, sondern nur die dem Manager direkt Unterstellten. Die Mitarbeiter des Vorstandsvorsitzenden sind daher meiner Definition nach die übrigen Mitglieder des Vorstandes. Die Mitarbeiter eines Betriebsleiters sind die Werkmeister, aber sicherlich nicht die einzelnen Arbeiter am Fließband.

In diesem Zusammenhang möchte ich auf eine Reihe von »typischen« Führungsstilen verweisen, die von siegreichen Managern auch in der Vergangenheit gepflegt wurden:

FÜHRUNGSSTILE:	VERHALTEN:
	(Managerzentrierung)
autokratisch	herrschend
	Anweisungen gebend
	manipulierend
manipulierend	einnehmend
	überzeugend
	beratend
partizipativ	teilnehmend
	verbindend
	sich beugend
Laisser-faire	vermeidend
	verzichtend
	(Teamzentrierung)

Bei einer genaueren Untersuchung der Charakteristika dieser einzelnen »typischen« Führungsstile wird man feststellen, daß zwar jeder Stil den spezifischen Anforderungen einer bestimmten Situation gerecht wird, der rigide Einsatz nur eines einzigen Stiles aber wohl kaum die gewünschten Resultate in einem langwährenden Produktionsprozeß zeitigen wird. Daraus muß folgen, daß Flexibilität und Vielseitigkeit die entscheidenden Kennzeichen des Führungserfolgs sind. Mangelnde Flexibilität ist dagegen ein offensichtliches Erkennungszeichen des Verlierers.

Lassen Sie uns nun einen genaueren Blick auf die vier oben aufgeführten typischen Führungsstile werfen. Natürlich sind sie um unserer Argumentation willen idealisierend dargestellt. Der Stil der meisten Manager wird sich um diese Idealzustände herumbewegen. Die Grundgedanken aber bleiben die gleichen. Nach den methodischen Ansätzen von *Lewis B. Sappington* und *C. G. Browne* habe ich die für diese Stile charakterisierenden Kommunikationsmuster zusammengestellt.

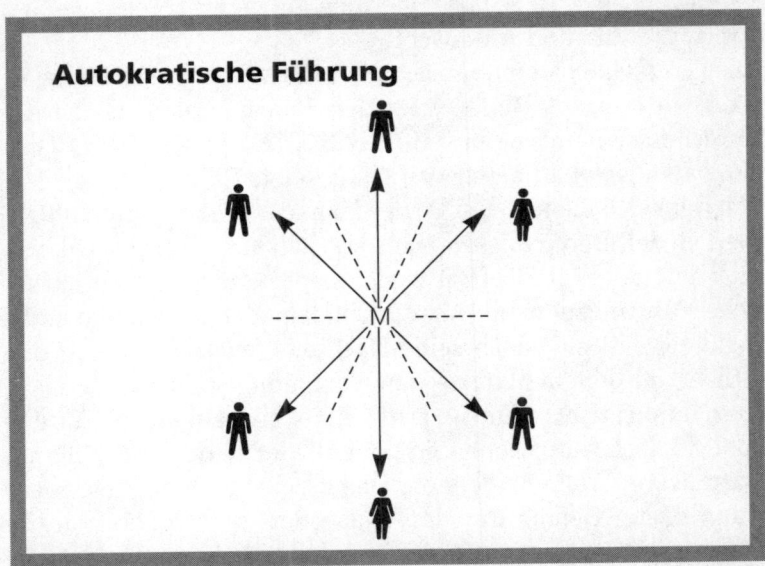

Abb. 28

Bei diesem Stil legt der Manager alle Ziele und Maßnahmen ohne Berücksichtigung anderer fest. Wie Sie aus der oben stehenden grafischen Darstellung der Kommunikation in solch einem Umfeld ersehen können, fließen Informationen nur in eine Richtung: vom Vorgesetzten zum Mitarbeiter. Außerdem werden Informationen nur häppchenweise gewährt.

Bei diesem Stil gibt es natürlich keinen Raum für Fragen zur vom Vorgesetzten verfolgten Politik oder zu Wegen zur Erreichung des von ihm vorgegebenen Ziels. Die häppchenweise Gewährung von Informationen macht es sogar unwahrscheinlich, daß die Mitarbeiter überhaupt einen umfassenden Überblick über die Gesamtaufgabe des Teams gewinnen können.

Jede Meinungsbildung wird so unmöglich gemacht. Dies wird noch durch die Tatsache verschlimmert, daß der Kontakt normalerweise nicht mit dem Team insgesamt, sondern nur mit einzelnen Teammitgliedern gepflegt wird. Miteinander zu kommunizieren wird weder gefördert, noch scheint es notwendig zu sein. Alles läuft über den Manager. Er entscheidet, wer was wann und wie macht.

Dies ist meiner Meinung nach ein in den Köpfen der Manager weit verbreitetes Bild des idealen Führungsstils. Es hat inzwischen seinen Weg in viele ÜBER-ICHs gefunden und sich dort als idealer Führungsstil festgesetzt. Es ist dies der Stil, mit dem sich die meisten Power-Manager am wohlsten fühlen, weil er den Bedürfnissen eines starken ES gerecht wird, das sich mit dem ÜBER-ICH zusammentut, um eine autokratische Führungspersönlichkeit zu bilden. Ebenso wie die anderen Stile hat er jedoch seine Nachteile, wenn er der einzige Stil ist, der einem Manager zur Verfügung steht.

Der autokratische Führungsstil eignet sich am besten für einmalige Notfallsituationen, in denen jeder andere Stil fehl am Platz wäre. Wenn dringend etwas geschehen muß, besonders dann, wenn Gefahr für Menschen oder die Organisation im Verzug ist, ist dies genau der richtige Stil. Es muß etwas geschehen. Der Manager muß dafür sorgen, daß es schnell geschieht. Wie wir bei den einschränkenden Auswirkungen, die Gruppen auf das Verhalten haben können, gesehen haben, ist in Notfällen genau diese Art der bestimmten und sofortigen Reaktion vonnöten. Sie ist aber nur möglich, wenn einer das Ruder übernimmt und klare Anweisungen gibt.

Ein derart autokratischer Stil ist also wohl am ehesten angebracht bei Managern, die der essentiellen Aufgabe gegenüberstehen, traditionelle Muster ohne Rückendeckung durch andere aufbrechen zu müssen.

Hicks und *Gullett* weisen jedoch darauf hin, daß eines der Charakteristika des autokratischen Stils darin zu sehen ist, daß seine Vertreter ihre Mitarbeiter als »gut« oder »böse«, als »in« oder »out«, als »einen von uns« oder »keinen von uns« einstufen. Diese Charakterisierung entspricht der Analyse von *Eric Berne*, daß Mitarbeiter bestrebt sind, die Elternfigur zu beschwichtigen. Der negative Aspekt dieser verkümmerten Manager-Mitarbeiter-Beziehung besteht darin, daß die Mitarbeiter über die Unterdrückung der Bedürfnisse ihres ES immer ärgerlicher werden. Hierdurch entwickeln sich eingeschüchterte und entfremdete Mitarbeiter, die hinter dem Rücken der Führungspersönlichkeit murren und nur allzu willig an seiner Demontage mitarbeiten, wenn seine Macht zu bröckeln beginnt.

Es gibt keine Fallstudie, die so die Gefahren eines zu lange angewandten autokratischen Führungsstils aufzeigen könnte, wie die letzten Jahre der *Thatcher*-Regierung. Der Stil, der während ihrer ersten Amtsjahre angemessen und möglicherweise notwendig war, wurde überflüssig, als die alte Tory-Garde abtrat und damit neuen Männern den Weg frei machte, die ihre Vision teilten. Sie als Parteiführerin aber änderte ihren Stil nicht. Durch den einseitigen Informationsfluß, der einen Führungsstil begleitet, bei dem intensives Fragen als Widerspenstigkeit bestraft wird, gab es niemanden, der sie darüber hätte aufklären können, daß die an ihr geübte Kritik sie für ihre Partei zu einer Belastung machte. Die Geschichte zeigt, wie sie aus ihrem Amt vertrieben wurde.

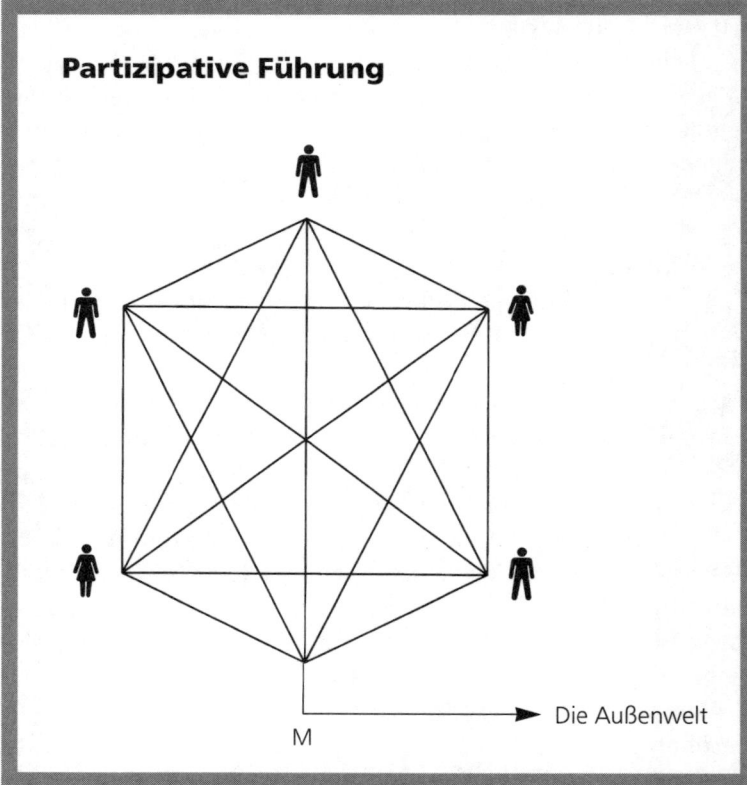

Partizipative Führung

M

Die Außenwelt

Abb. 29

Der partizipative Führungsstil unterscheidet sich total vom autokratischen. Hier wird nicht die Rolle des einzelnen als Handlungsträger betont, sondern grundlegender Faktor ist das Team, wenn es darum geht, Entscheidungen zu fällen und umzusetzen. Anstelle eines einseitigen Informationsflusses vom Manager zu den Geführten ist dieser Stil durch einen freien Informationsfluß charakterisiert. Alle Mitglieder des Teams nehmen daran teil. Ebenso wird Ihnen die Position des Managers bei diesem Stil aufgefallen sein: Er hat die Funktion eines Koordinators und beteiligt sich genauso an der Arbeit wie die anderen Teammitglieder auch. Seine spezielle Verantwortung liegt in den Bereichen soziale Aktivierung und Kommunikation nach außen.

Bei diesem Führungsstil ist das ganze Team für sämtliche Aspekte des Entscheidungsprozesses zuständig. Dazu zählt auch die Arbeitsaufteilung innerhalb der Gruppe. Hier steht es überhaupt nicht zur Diskussion, den Mitgliedern des Teams eine einheitliche Linie verpassen zu wollen. Es wird erwartet, daß alle aktiv am Teamprozeß teilnehmen, und abweichende Meinungen sind willkommen. Sobald die Gruppe eine Entscheidung gefällt hat, wird erwartet, daß alle Einzelmitglieder hinter dieser Entscheidung stehen und an ihrer Umsetzung mitarbeiten.

Dieser Stil ist natürlich für den »wohlwollenden Autokraten« von *McMurry* der absolute Alptraum. Für denjenigen, dessen ES verlangt, daß alles sofort nach seiner Nase geschieht, ist er ein Quell stetigen Frusts. Für die ÜBER-ICHs, für die Führung etwas Heiliges ist und die die Durchsetzung des Führerwillens für ihre unbedingte Pflicht erachten – und glauben Sie mir, es gibt mehr als einen Verlierer, der in diesen Dimensionen denkt –, scheint der partizipative Führungsstil eine grobe Pflichtverletzung darzustellen. Für Sie jedoch hat er, ebenso wie die anderen Stile, seine Vorzüge. Zwar ist der partizipative Stil oft zeitraubend und frustrierend für denjenigen, der seinen eigenen Kopf sofort durchsetzen will. Gleichzeitig aber beinhaltet er zwei Komponenten, die entscheidend sein können, wenn es darum geht, wer das Organisationsspiel gewinnt und wer es verliert: *Wissen* und *Engagement*. Ungeachtet der Überzeugungen der Autokraten zu ihren Machtbefugnissen kann kein einziger Manager in einer modernen und komplexen Organisation wirklich glauben, über genügend Wissen zu verfügen, um immer die richtigen Entscheidungen zu treffen. Die Schwierigkeit liegt hier nicht nur im begrenzten Zugang zu Informationen. Es dreht sich auch um die Notwendigkeit, komplexe Probleme aus einer ganzen Reihe von Perspektiven anzugehen. *Jürgen Habermas* führt an, daß Technologie das Bewußtsein bildet. Wenn also ein einzelner eine bestimmte technische Ausbildung durchlaufen und dann auch in diesem Bereich gearbeitet hat, verfügt er über eine ganz bestimmte Sicht der Dinge. Wir alle wissen aus eigener Erfahrung, daß beispielsweise Ingenieure in anderen Bahnen denken als Buchhalter und die wiederum in anderen Bahnen als Marketingfachleute. Studien einer scheinbar homogenen Gruppe wie der Armee zeigen, daß selbst hier Infanteriegeneräle einen anderen Blickwinkel haben als Kavalleristen oder die Logistiker.

Es kann nur noch einmal betont werden, daß kein Manager allein Zugang zu all den unterschiedlichen Perspektiven haben kann, die sich aus der Vielzahl der in einer modernen Organisation vertretenen Berufe ergeben. Wie wir gesehen haben, führt der autokratische Führungsstil dazu, daß der Leiter seinem Team seine Vision aufzwingt. Eine große Stärke des partizipativen Führungsstils liegt jedoch darin, daß er einzelne dazu anregt, den Prozeß der Problemlösung zu verbessern. Das heißt jetzt nicht, daß ich für »ewige« Sitzungen bin, um etwas zu erreichen. Formelle Meetings führen – besonders, wenn sie regelmäßig stattfinden – gewöhnlich dazu, daß die Teilnehmer schon etwas finden, was sie dort einbringen können, damit der Eindruck entsteht, sie würden partizipativ vorgehen. Ein derartiger Führungsstil versetzt den siegreichen Manager einfach in die Lage, ein großes Wissen und viele verschiedene Perspektiven in die Entscheidungsfindung einzubringen.

Der zweite Vorteil des partizipativen Stils muß darin gesehen werden, daß durch ihn ein Engagement aller Beteiligten erreicht werden kann. Für jeden Manager ist es eine ständige Herausforderung, Mitarbeiter dazu zu bringen, auch schwierige Aufgaben zu erfüllen. Das ist vor allem für denjenigen ein Problem, der ein Team führen muß, über das er so gut wie keine (oder überhaupt keine) Macht hat. Wenn er beispielsweise das Engagement von Kollegengruppen braucht - sie sind auf den lateralen Balken des Managementkreuzes angesiedelt -, wird kein noch so großer Druck sie dazu bringen, das aufzugeben, was sie als ihre ureigenen Interessen ansehen oder im Interesse der Organisation zu tun glauben.

Andererseits scheint der partizipative Stil eine fast magische Kraft zu besitzen, das Engagement anderer zu gewinnen und daraus resultierend über alle Hindernisse hinweg positive Ergebnisse zu erzielen. Wenn Menschen an einer schwierigen oder unangenehmen Entscheidung beteiligt werden oder ihnen zumindest die Möglichkeit gegeben wird, ihren Teil dazu beizutragen, fühlen sie sich moralisch verpflichtet, diese Entscheidung auch durchzusetzen.

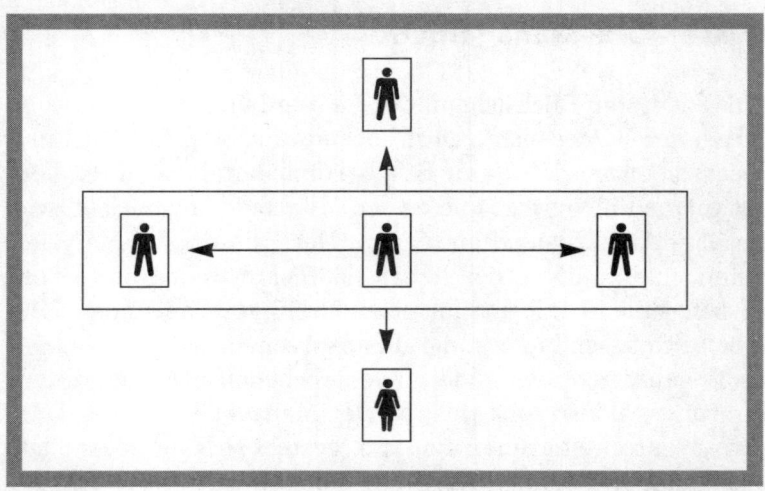

Abb. 30

Diese Vorstellung mag vielen Managern, deren ÜBER-ICH mit Regeln vollgestopft wurde, die den überragenden Wert von Autokratie und Manipulation betonen, wie ein böser Alptraum vorkommen. Aber in Situationen, in denen andere Methoden nicht zum Ziel geführt hätten, mag ein partizipativer Stil der einzige erfolgversprechende Weg sein.

Ihre eigenen Erfahrungen:

- Können Sie sich an eine Entscheidung erinnern, die besser ausgefallen wäre, wenn mehr Menschen an der Entscheidungsbildung beteiligt worden wären?
- Können Sie sich an eine von Ihnen getroffene Entscheidung erinnern, die von Ihren Mitarbeitern besser aufgenommen worden wäre, wären sie an ihrem Zustandekommen beteiligt worden?

Laisser-faire-Management

Auf den ersten Blick scheint der Laisser-faire-Führungsstil in Ihrem Repertoire nicht viel zu suchen zu haben. Er kann kurz beschrieben werden als ein Stil, bei dem der Manager die Verantwortung niederlegt und es den Mitarbeitern überläßt, wie sie »ihre Angelegenheiten regeln«. Der Laisser-faire-Manager nimmt nur wenig an der Arbeit des Teams teil. Wenn erforderlich, stellt er Informationen zur Verfügung, aber seine Mitarbeiter müssen ihn erst darauf ansprechen.

Im Gegensatz zu den anderen besprochenen Stilen ist dieser Führungsstil also sehr reaktiv. Der Manager wird erst dann aktiv, wenn er eingreifen muß. Es versteht sich von selbst, daß ein Manager, der diesen Stil als konstante Antwort auf die Erfordernisse seiner Position einsetzt, höchstwahrscheinlich

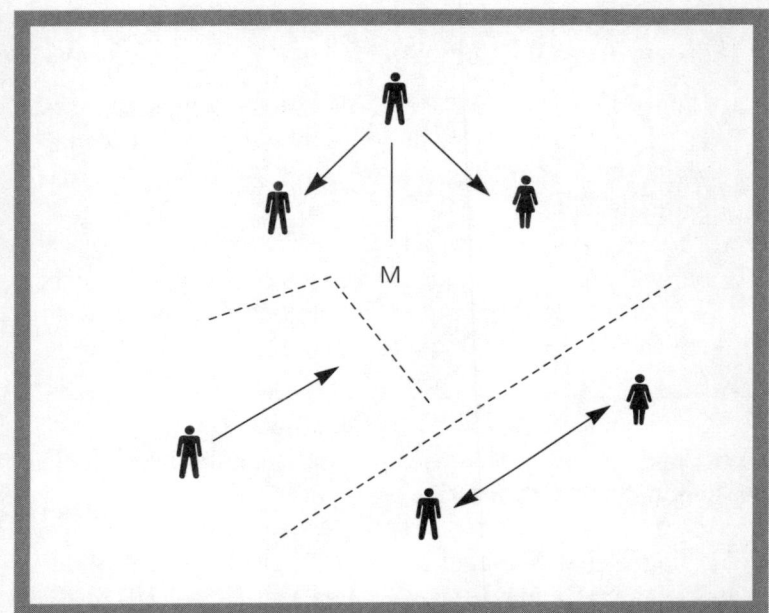

Abb. 31

keine Ergebnisse erzielen wird. In der Realität setzen jedoch viele Manager diesen Stil ein. Sie hoffen, daß er bei ihnen doch funktionieren wird. Sparsam – und in den richtigen Situationen! – eingesetzt, hat auch er seinen Wert, ebenso wie die anderen bereits besprochenen Stile auch.

Die autokratischen Führer im Sinne *McMurrys* und die Neulinge in der Kunst der Führung haben gemeinsame Rollenvorstellungen: Sie meinen, zu jedem Thema eine eigene Meinung haben zu müssen, und wollen bei jeder auch noch so unbedeutenden Aufgabe mitmischen. Ein erfolgreicher Manager wird jedoch in der Lage sein, den Drang des ES nach Steuerung aller Kleinigkeiten zu unterdrücken. Sie können die sinnleere Regel des ÜBER-ICHs, die ein sofortiges Handeln verlangt, ignorieren. Sie werden nur dann tätig, wenn es wirklich absolut notwendig ist.

193

Zwei Themen ziehen sich wie ein roter Faden durch alle Diskussionen der Führungsstile:

● Als siegreicher Manager müssen Sie sich von dem Bild des »wirklichen Managers«, das Ihnen von Ihrem ÜBER-ICH eingepflanzt wurde, lösen. Vergessen Sie den »Big Boss«, der dem Managerpsychopathen von *Norman Dixon* oder dem wohlwollenden Autokraten von *McMurry* so sehr gleicht. Sie sollten sich vielmehr darauf konzentrieren, Ergebnisse zu erzielen, statt sich um die Befriedigung Ihrer eigenen Psyche oder der anderer zu kümmern.

● Es gibt viele unterschiedliche Führungsstile, von denen jeder einen Platz in Ihrem Repertoire haben sollte, damit sie ungeachtet Ihrer persönlichen Präferenzen zu gegebener Zeit und unter gegebenen Bedingungen eingesetzt werden können. Denn ich bin überzeugt, daß es für jeden Stil eine bestimmte Zeit und eine bestimmte Konstellation gibt, die mit den unterschiedlichen Phasen eines Projekts zusammenfällt.

An dieser Stelle geht es mir darum, Ihnen einige Beweise für die Auswirkungen der bisher beschriebenen Führungsstile auf das Verhalten von Teams zu geben.

Ralph White und *Gordon Lippitt* waren zwei Studenten, die *Kurt Lewin* bei seinen Forschungsarbeiten unterstützten. Um die Auswirkungen verschiedener Führungsstile zu untersuchen, nahmen sie Ferienjobs in einem Sommer-Camp an. Sie hatten den Modellbaukurs übernommen. Über einen Zeitraum von zwei Wochen betreuten sie täglich drei verschiedene Gruppen beim Bau von Schiff- und Flugzeugmodellen. Die Aktivität war also immer die gleiche, aber der Stil, in dem die Forscher mit den einzelnen Gruppen umgingen, unterschied sich nach einem vorher genau festgelegten Plan.

Einer Gruppe schrieben sie genau vor, welche Modelle wie zu bauen seien. Abweichungen vom Plan wurden nicht zugelassen. Die Arbeitseinteilung war strikt einzuhalten. Bei der zweiten Gruppe begannen die Forscher ihre Arbeit damit, daß sie mit den Kindern diskutierten, was gemacht werden sollte und wie das dann zu realisieren wäre. Die Erwachsenen stellten die notwendigen Informationen zur Verfügung, um entscheiden zu können, was überhaupt möglich sei. Sie halfen auch dabei, die beste Methode zum Bau des jeweils gewünschten Modells herauszufinden, und nahmen selbst an dem Entwicklungsprozeß teil. Bei einer dritten Gruppe verkündeten White und Lippitt nur, daß dies die Modellbaugruppe sei und daß die Kinder Modelle basteln sollten. Sie zeigten ihnen die vorhandenen Materialien und Geräte und ließen sie dann gewähren. Die Erwachsenen zeigten kein übermäßiges Interesse am Treiben und beschränkten sich darauf, Fragen zu beantworten, wenn sie gestellt wurden. Die drei unterschiedlichen Ansätze präsentierten klar den autokratischen, den partizipativen und den Laisser-faire-Führungsstil.

Die Forscher beobachteten die Kinder sehr genau und dokumentierten das Verhalten jeder Gruppe. Ihre Erkenntnisse sind für einen siegreichen Manager, der die Zusammenarbeit anderer benötigt, um Ergebnisse zu erzielen - und zwar schnell und mit möglichst wenig Aufwand und Mühe -, von großer Bedeutung. Zwei Beobachtungen stechen hierbei hervor. Zuerst ist es das Verhalten der kleinen Modellbauer. *White* und *Lippitt* ließen sie allein, beobachteten sie aber von außerhalb des Raumes (für die Kinder unsichtbar) weiter. Sowohl bei der autokratischen als auch bei der Laisser-faire-Gruppe ließ der Arbeitseifer um ein Drittel nach, sobald die beiden Forscher den Raum verlassen hatten. Die nach einem partizipativen Stil geführten Kinder jedoch arbeiteten auch bei Abwesenheit der Aufsichtspersonen unverändert weiter. Für die Manager, die immer noch nicht überzeugt sind, daß man die Seelen der Mitarbeiter kaufen muß, liegt die Schlußfolgerung auf der Hand: Überwachung ist teuer und kann nicht allgegenwärtig sein. Das Beispiel der Kindergruppe aber zeigt deutlich, daß der partizipative Stil diese Nachteile dadurch ausgleicht, daß die Mitarbeiter selbst dazu motiviert sind, Ergebnisse zu erzielen – auch wenn sie sich nur selbst überwachen.

Das vielleicht interessanteste Ergebnis des Experiments bezieht sich jedoch auf die Einstellung der Kinder zu den von ihnen gebastelten Modellen. *White* und *Lippitt* beobachteten ihr Verhalten, als sie ihnen am Ende des Kurses mitteilten, daß die Arbeit in der Gruppe beendet sei. Die Kinder aus der Laisser-faire-Gruppe zeigten überhaupt kein Interesse an den Modellen, an denen sie ja immerhin zwei Wochen gearbeitet hatten. Dies stand in starkem Gegensatz zu dem Verhalten der partizipativen Gruppe, die fast ohne Ausnahme ihre Modelle mit nach Hause nahm, um sie ihren Eltern zu zeigen. Ihre Modelle waren eindeutig zu einem Teil ihrer selbst geworden. Die Kinder waren stolz auf sie. Das wohl vielsagendste Verhalten jedoch war das der Kinder in der autokratisch geführten Gruppe. Als man bei ihnen verkündete, daß der Kurs beendet sei, machten sich die Kinder daran, die Arbeit der letzten vierzehn Tage mit sichtlichem Vergnügen zu vernichten. Die Modelle wurden auf den Boden gedonnert, und ihre Zerstörung kam fast einem Ritual gleich. Die Modelle waren für sie zu einem Symbol des Frusts, des Ärgers und der Entfremdung geworden, die der autokratische Stil in ihnen hervorgerufen hatte. Das ist in meinen Augen eine klare Botschaft für jeden, der als Manager siegen will. Wenn Sie erfolgreich sein wollen, brauchen Sie nicht nur die Gefügigkeit anderer, sondern auch ihre aktive Teilnahme. Führungsstile, die in sich das Risiko bergen, daß sie eine Entfremdung derjenigen hervorrufen, auf die Sie angewiesen sind, befriedigen vielleicht Ihre Psyche, haben aber keinen Platz in einer Strategie, die zum Sieg führen soll.

Welchen Stil würden Sie einsetzen?

Während der Kontrollphase ist der Laisser-faire-Manager genau der richtige Mann. Er wird die Menschen in Ruhe lassen, damit sie ihre Arbeit tun können. Er wird nur dann eingreifen, wenn es notwendig ist. Hier kommt der *Dumme und Faule* von *Clausewitz* zum Einsatz.

Während der Motivationsphase kommt der partizipative Stil zum Zuge. Die natürlichen Instinkte derer, die einen demokratischen Stil bevorzugen, veranlassen sie, die anderen zur aktiven Teilnahme zu bewegen. Sie konzentrieren sich auf das zweite Element von *Adairs* effektivem Führungsstil, den Teamzusammenhalt. Es geht darum, die Gruppe zusammenzuschweißen, damit ein Problem auf bestmögliche Art gelöst wird. Die Seelen der einzelnen werden gekauft mit der Macht, die die Beteiligung der Gruppe bietet.

Während der Planungsphase kann ruhig autokratisch vorgegangen werden. Bei der Festlegung der Aufgabe bedarf es des konsequenten Vorgehens des Managers. Das erste Element effektiver Führung bei *Adair* ist von übergeordneter Bedeutung: die Aufgabe. Die Menschen, die sie erfüllen sollen, und ihre Bedürfnisse kommen erst später. Noch ist das Team nicht beteiligt. Dies ist eine Aufgabe für den nach *Clausewitz Intelligenten und Fleißigen*. Er wird alles tun, damit das System korrekt in Gang kommt, bevor er andere daran arbeiten läßt.

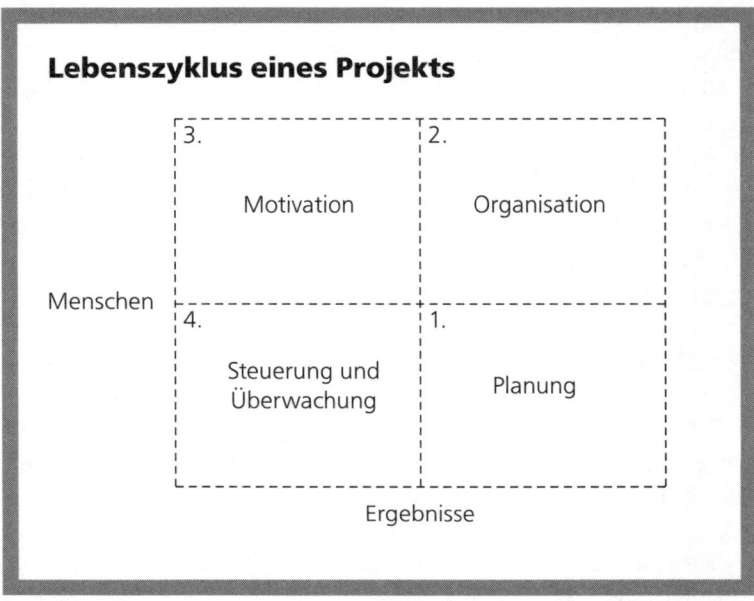

Lebenszyklus eines Projekts

	3. Motivation	2. Organisation
Menschen	4. Steuerung und Überwachung	1. Planung
	Ergebnisse	

Abb. 32

Wie sieht es aber mit der Organisationsphase aus? Welcher Führungsstil ist hier zu bevorzugen? Wir wissen von *Blake* und *Mouton*, daß in derartigen Situationen jemand benötigt wird, der sehr genau weiß, wie wichtig es ist, daß das Produktionssystem und die beteiligten Mitarbeiter gut aufeinander abgestimmt sind. Deshalb wird in dieser Phase ein Führungsstil benötigt, der sich auf das dritte Element von *Adair* stützt: die individuellen Bedürfnisse derer, die für Sie arbeiten. Hier ist ein Führungsstil vonnöten, der sich darauf konzentriert, die Seelen der einzelnen Teammitglieder zu gewinnen, indem jedem einzelnen gezeigt wird, was dabei für ihn oder sie herauskommt.

Die konventionellen Theorien über Führungsstile bieten keinen Stil an, der all diesen Erfordernissen gerecht wird. Deshalb führe ich hier einen neuen Stil an. Die Ecke oben rechts im Projektlebenszyklus verlangt nach einem Manager, der

Der manipulative Führungsstil

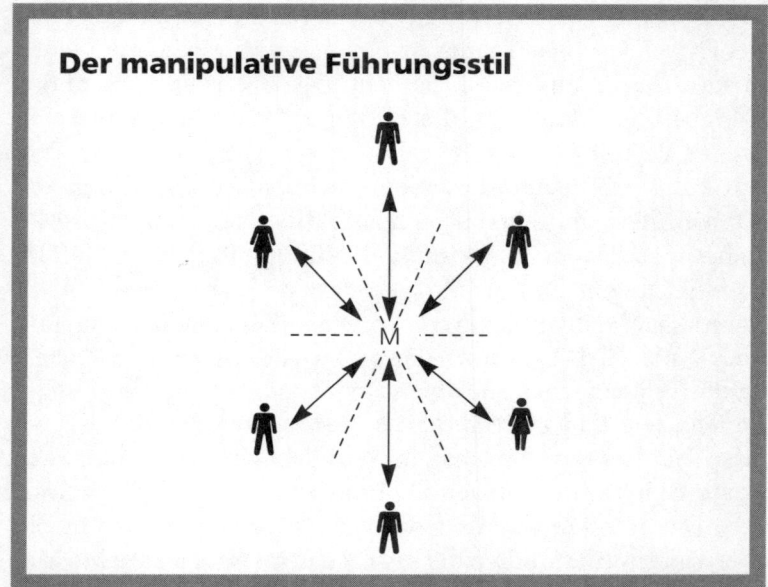

Abb. 33

weiß, wie er die Seelen derjenigen erkauft, die für ihn Aufgaben erledigen sollen. Der Führungsstil dieses neuen, siegreichen Managers ist der *manipulative Stil*.

Er ähnelt dem autokratischen Stil insofern, als der Manager allein über die zu verfolgende Politik entscheidet. Gleichzeitig unterscheidet er sich vom autokratischen Stil dadurch, daß das Team in gewissem Umfang beteiligt werden muß. Daher fließen in der entsprechenden Kommunikationsgrafik alle Informationen in beide Richtungen: zwischen Manager und Mitarbeitern hin und her. Dies wird auf zweifache Art und Weise genutzt.

Zum einen wird der Manager diesen Informationsfluß ganz pragmatisch dazu nutzen, Wissen über Fakten zu erlangen, die ihm sonst verschlossen geblieben wären. So wird die potentielle Schwäche des autokratischen Stils vermieden, denn bei einem autokratischen Stil hängt alles von einer Person, dem Manager, ab, da er das Monopol auf Ideen und Wissen

199

hält. Bei einem manipulativen Stil aber greift der Manager auf die Ratschläge des Teams in Form seiner Einzelmitglieder zurück. Das manipulative Element dieses Stils basiert auf der Fähigkeit des Managers, diese Informationen zu seinem politischen Vorteil zu nutzen.

Die Mitglieder einer derartigen Gruppe werden durch die Führungspersönlichkeit scheinbar in den Managementprozeß einbezogen. Dadurch gewinnt jedes Teammitglied das Gefühl, wichtig zu sein und als Kollege geschätzt zu werden. Auch wenn der Manager sicherstellen wird, daß alles nach seinem Plan läuft, wird er doch wieder und wieder betonen, wie wichtig der Beitrag jedes einzelnen zur Formulierung der gemeinsamen Ziele und zum Erreichen der entsprechenden Ergebnisse ist. Der einzelne hat in Wirklichkeit jedoch nur sehr wenig Spielraum, mit den anderen zusammen tätig zu werden. Das ist dem autokratischen Management sehr ähnlich, aber viel subtiler. Indem der manipulative Manager seine Mitarbeiter immer einzeln anspricht, eine besondere persönliche Beziehung andeutet, die vielleicht sogar einen Pakt gegen die anderen darstellt, zeigt er jedem einzelnen Teammitglied, wie er am ehesten erfolgreich sein wird, wenn er genau das tut, was er will. Er benutzt den persönlichen Kontakt, um die besonderen Bedürfnisse herauszufinden, die jeden einzelnen motivieren. Dann kauft er ihre Loyalität und Gefügigkeit (also ihre Seelen), während er gleichzeitig die Chance nutzt, seine Ideen und die Mittel zu ihrer Umsetzung zu verkaufen.

Genau wie beim autokratischen Stil ist auch hier die Wahrscheinlichkeit, daß die Mitarbeiter in der Lage sein werden, sich ein solches Bild von der Gesamtaufgabe zu machen, daß sie die Herrschaft des Managers in Frage stellen könnten, nicht sehr groß. Im Gegensatz zum autokratischen Stil, der normalerweise brodelnden Unwillen und Grollen unter den Mitarbeitern auslöst, gibt es beim manipulativen Management für den einzelnen keinen Grund zur Revolution, da er ja einen zufriedenstellenden Kommunikationszugang zu seinem Manager hat. Nichtsdestoweniger ist natürlich ein gewisses Maß an Paranoia notwendig, um auf Dauer sicherzustellen, daß man die Seelen fest im Griff hat.

Zwar ist, wie bereits oben dargestellt, kein einziger Führungsstil allein geeignet, um mit allen Zweifelsfällen des Daseins fertig zu werden, aber der manipulative Führungsstil kann als der Hauptstil für die Entscheidungsbildung und -umsetzung genutzt werden. Natürlich erfordert das Zeit und Mühe. Sind die ersten Schritte aber erst einmal getan, werden fortgesetzte positive Verstärkungen eines angemessenen Verhaltens die für Managementaufgaben in diesem Bereich benötigte Zeit drastisch verkürzen.

Der zugegebenermaßen zynische Ansatz dieses manipulativen Stils mag bedeuten, daß Sie Ihr ÜBER-ICH neu programmieren müssen. Es ist interessant festzustellen, daß Managementbücher viele Seiten auf die ersten drei oben beschriebenen Führungsstile verwenden, den manipulativen Ansatz aber nicht einmal erwähnen. Es ist klar, daß die konventionelle Führungsethik in ihren Lehren kaum Platz für diesen manipulativen Stil hat. Wir haben ja bereits die Gefahren angesprochen, die in der Ungeduld des ÜBER-ICHs liegen, wenn es darum geht, Zeit und Mühe aufzuwenden, um im manchmal sehr mühsamen Geschäft des Managements erfolgreich zu sein. Sie bedauern vielleicht die Zeit, die Sie für Manipulationen aufbringen müssen, wenn Sie ihr Ziel klar vor Augen haben und ungeduldig werden über die anderen, die eben keine Vision haben. Das aber ist die Einstellung eines Verlierers. Dazu will ich nur den verstorbenen *Basil Lidell Hart* mit einer Aussage zur Militärstrategie zitieren: »Der längste Umweg ist oft der kürzeste Weg nach Hause.«

Ihre eigenen Erfahrungen:

● Können Sie sich an eine Gelegenheit erinnern, bei der Sie mit einem manipulativen Stil das beste Ergebnis herausgeholt hätten?

Fazit:
Der Sieg im Organisationsspiel

Am Anfang dieses Buches habe ich Ihnen einen wirklichen Sieger im Organisationsspiel vorgestellt – *den intelligenten, aber faulen* Manager. Das ist der »Über-Manager«, der »Super-Manager«, der die Managementwelt erobern wird, da er weder vom Organisationssystem noch von den Mitspielern ausgestochen werden kann. Er ist das Modell für den siegreichen Manager, denn er gerät bei den dreizehn Geboten für den Sieger niemals ins Wanken. Und das sind die dreizehn Gebote:

① *Zuerst komme ich. Meine Interesssen vertrete ich am besten selbst.*
Scheuen Sie niemals davor zurück, dem Diktat des Eigeninteresses zu folgen. Das ist der einzige Weg zur Macht in der Organisation. Nur so können Sie verhindern, daß andere Ihnen ihre Pläne aufzwingen.

② *Es gibt keine absoluten Regeln. Was andere für richtig oder falsch halten, gilt nicht für Sie.*
Organisationen oder, um genauer zu sein, die Menschen in den Organisationen sind ein idealer Nährboden für jegliche Art sinnleerer Vorschriften und mißverstandener Loyalitäten, die Ihnen Ihren Weg verbauen werden, wenn Sie es denn zulassen. Der einzige Weg zum Sieg ist der, all diese Fremdregeln abzulehnen und eigene aufzustellen.

③ *Die Organisation ist dazu da, Ihren Interessen zu dienen – und nicht umgekehrt.*
Die Organisation wird Sie sofort fallenlassen, wenn Sie ihren Interessen nicht länger dienlich sind. Sie brauchen also

selbst keinerlei Bedenken zu haben, sie zu Ihren Zwecken auszunutzen.

④ *Sie sind auf sich alleine gestellt: Nur Einzelkämpfer siegen.*
Vergessen Sie nie, daß sich auch die anderen von ihren eigenen Interessen leiten lassen. Sie sind alle darauf aus, Ihnen den Sieg zu »vermasseln«. Sie können Ihnen durchaus helfen – aber nur, wenn es Ihren eigenen Interessen dient.

⑤ *Seien Sie mißtrauisch: Die Mistkerle sind nur darauf aus, Ihnen eins auszuwischen.*
Nicht nur die Eigeninteressen der anderen stellen für Sie eine Bedrohung dar. Auch die Verlierermentalität der Menschen in Ihrem Umfeld gefährdet Ihren Erfolg. Die anderen werden nur allzugerne zusehen, wie Sie ebenfalls als Verlierer enden.

⑥ *Denen, die wichtig sind, in den Hintern kriechen – ganz tief. Stellen Sie fest, wer Schlüsselpositionen im System besetzt und Ihnen dienlich sein kann.*
Kümmern Sie sich nicht um Loyalität zu Kollegen. Sie müssen feststellen, wer in der Organisation wichtig ist. Sie müssen bei den maßgebenden Führungskräften so gut angeschrieben sein, daß Sie auf Ihrem Weg nach oben von ihnen gefördert und protegiert werden. Finden Sie einen Mentor, der sich um Ihre Interessen kümmert.

⑦ *Das eine sagen, das andere tun. Legen Sie Lippenbekenntnisse zu den in der Organisation geltenden Regeln ab.*
Seien Sie zynisch. Wen kümmert schon die Organisation und ihre Symbole? Ein Siegertypus darf sich jedoch nicht offen zu seinem Zynismus bekennen. Wenn die Organisation etwa glaubt, umfassende Qualitätssicherung (TQM) sei ein Geschenk Gottes, müssen Sie das Konzept in der Öffentlichkeit auch so propagieren. Im stillen Kämmerlein jedoch dürfen Sie sich über dieses blödsinnige Konzept kaputtlachen.

⑧ *Im Team arbeiten, aber sicherstellen, daß Sie immer besser sind als die übrigen Mitglieder im Team.*
Organisationen betonen die Bedeutung von Teamarbeit und Gruppenloyalität. Wir haben jedoch gesehen, wie sehr diese Konzepte den unbedingten Willen zum Sieg untergraben können. Tun Sie so, als ob - und richten Sie sich darauf ein, das Team bei erstbester Gelegenheit wie eine heiße Kartoffel fallenzulassen.

⑨ *Bedenken Sie: Die Wahrheit gereicht Ihnen nicht immer zum Vorteil. Diejenigen, die über Ihre Zukunft entscheiden, wollen schlechte Nachrichten nicht unbedingt hören.*
Erzählen Sie Ihren Vorgesetzten, was sie hören wollen. Sprechen Sie eher von Lösungen als von Problemen, auch wenn die Lösungsvorschläge von anderen stammen. Überzeugen Sie Ihre Vorgesetzten: Gute Ideen sind nie auf dem Mist anderer gewachsen, sondern immer nur auf Ihrem eigenen.

⑩ *Verdrehen Sie Tatsachen so, daß sie den eigenen Interessen dienen. Selbst wenn die Sache stinkt, sollten Sie duften wie ein Rosenstock.*
Denken Sie beim Umgang mit Vorgesetzten immer daran, daß es darauf ankommt, wie Sie Informationen präsentieren. Oft werden Sie der erste (und mit Glück auch der einzige) sein, der eine bestimmte Nachricht überbringt. Vergessen Sie nie, daß Sie Eindruck schinden wollen. Kleine Auslassungen oder eine klitzekleine Aufpolierung der Tatsachen werden Ihnen helfen, bei denen, auf die es ankommt, einen guten Eindruck zu hinterlassen. Eine sorgfältig konstruierte Lügengeschichte kann oft unbezahlbar sein.

⑪ *Ihr Gegenschlag muß der erste sein. Wenn Blut fließt – sei's drum. Hauptsache, es ist nicht Ihr eigenes.*
Lassen Sie keine Möglichkeit aus, Ihren Rivalen eins auszuwischen. Suchen Sie nach Möglichkeiten, deren Glaubwürdigkeit

in den Augen der Vorgesetzten zu untergraben. Überlegen Sie, wie Sie Ihre eigenen Zuständigkeiten dazu nutzen können, es anderen unmöglich zu machen, ihre Aufgabe zu erfüllen. Stellen Sie sicher, daß die Schuld immer anderen in die Schuhe geschoben wird, wenn etwas schiefläuft.

⑫ *Kräftig die eigene Reklametrommel rühren – oder noch besser: dafür sorgen, daß andere Ihr Lob in höchsten Tönen singen.*

Sorgen Sie dafür, daß Ihre Leistungen für die Organisation nicht untergehen. Sorgen Sie dafür, daß positive Entwicklungen immer mit Ihrem Namen verknüpft werden. Noch besser ist es, wenn auch andere Sie hochjubeln. So wird Ihr Name untrennbar mit der Organisationskultur verbunden.

⑬ *Das Umfeld beherrschen – denn sonst beherrscht es Sie.*

Sie brauchen einen unbedingten Siegeswillen. Sie müssen fest dazu entschlossen sein, sämtliche Dinge und Ereignisse in Ihrem Umfeld aktiv zu beeinflussen. Wenn es Ihnen nicht gelingt, anderen Ihren Willen zuerst aufzuzwingen, werden Sie sich dem Willen anderer unterordnen müssen. Das aber ist der erste Schritt auf der Verliererstraße.

Wollen Sie zu den Siegern gehören? Haben Sie den Drive, die Initiative und – vor allem! – den Willen, zum »Super-Manager« aufzusteigen, der über den kleinlichen Sorgen der Organisation und ihrer Mitglieder steht? Mit der Lektüre dieses Buches haben Sie schon einen ersten Schritt in die richtige Richtung getan. Ihr Leben erfolgreich selbst in die Hand nehmen können Sie jedoch nur, wenn Sie die Lehren dieses Buches auch in die Tat umsetzen.

Zuerst einmal müssen Sie sich ganz eindeutig darüber im klaren sein, was Sie von der Organisation wirklich wollen. Für einige wenige Glückliche ist die Organisation eine Quelle der

Macht im allgemein verstandenen Sinn. Durch Ihre Stellung in ihr verfügen Sie über das notwendige Kleingeld. Wohlstand und Status verleihen Ihnen Macht über Ihr Umfeld. Den meisten Mitgliedern einer Organisation jedoch bleibt der Zugang zu dieser Macht durch die Natur der Organisation, der sie angehören, versperrt. Verlierertypen verhalten sich so passiv, daß sie Opfer ihrer Organisationen werden. Ihnen gelingt es nicht, Leben und Karriere selbst in die Hand zu nehmen. Sie aber – als Siegertypus – müssen genau wissen, was Sie wollen, und Ihr Ziel konsequent und ohne Rücksicht auf andere verfolgen.

Diese Entschlossenheit verlangt nach einem sachlich-unbeteiligten und zynischen Vorgehen. Auf Form und Stil, auf die in modernen Organisationen so häufig Wert gelegt wird, kommt es dabei nicht an. Es ist einzig und allein das Ergebnis, das zählt. Bei jeder Aufgabe müssen Sie sich fragen: Mit welchem Minimum an Einsatz läßt sich das von mir gewünschte Ergebnis erzielen? Solch nette Formulierungen wie »Management sei eine Kunst« und die modernen Marotten »TQM« und »sozial verträgliche Führung« sind nichts als Fallen, in die nur Verlierer tappen. Für Sie darf die Organisation mitsamt ihren Mitgliedern und Handlungsweisen nur eines sein: Mittel zu einem einzigen Zweck, nämlich das aus der Organisation herauszuholen, was der Verwirklichung Ihrer eigennützigen Ziele dient.

Natürlich müssen Sie in einer Organisationswelt leben, die aus lauter Vorschriften besteht. Zum einen verlangt die Organisation die Einhaltung formeller Regeln. Zum anderen gibt es aber auch ein Bündel informeller Regeln, deren Beachtung von den Organisationsmitgliedern erwartet wird. Als »intelligenter und fauler Supermanager« werden Sie diese Regeln als das sehen, was sie sind. Manche müssen sicherlich eingehalten werden. Natürlich werden Sie auch in der Öffentlichkeit auf der Einhaltung dieser Regeln bestehen und den Autoren dieser Vorschriften Anerkennung zollen. Privat aber werden Sie sie als bloße Hindernisse auf Ihrem Weg zum Ziel betrachten. Sie werden Ihrem ÜBER-ICH keineswegs gestatten, sie zu verinnerlichen. Sie lassen sich davon auf Ihrem Weg zu einer beherrschenden Stellung in der Managementwelt auf keinen Fall beirren.

Es gibt jedoch auch noch andere Möglichkeiten, die Organisation vor den eigenen Karren zu spannen:

- Nehmen Sie jede Möglichkeit wahr, sich Fähigkeiten und Fertigkeiten anzueignen, die sich auf andere Tätigkeiten innerhalb und außerhalb der Organisation übertragen lassen.
- Wer sich in einer Organisation eingearbeitet hat, kann sich auch in anderen Teilen der Bürokratie nützlich machen.
- Sie werden nur so lange in einer Organisation bleiben, wie sie Ihnen Vorteile bietet. Ist dem nicht mehr so, werden Sie sich anderweitig nach einer lohnenderen Betätigung umschauen.
- Im Poker um eine höhere Position werden Sie ihre Erfahrungen als Verhandlungsmasse einbringen.

Die Zusammenarbeit mit anderen ist in einer Organisation lebenswichtig. Wer als Manager zu den Siegern gehören will, muß also lernen, andere so zu manipulieren, daß sie automatisch das tun, was der Manager will. Sie setzen Ihren Willen durch – nicht die Mitarbeiter. Die anderen in der Organisation sind lediglich Vehikel auf Ihrem Weg an die Spitze. Im Umgang mit Ihren Vorgesetzten müssen Sie sich auf subtile Einflußnahmen verlassen, um Ihren Willen zu bekommen. Im Umgang mit Mitarbeitern aber müssen Sie noch raffinierter vorgehen. Sie müssen erkennen, mit welchen Belohnungen Sie ihre Fügsamkeit gewinnen. Diese spezifischen Belohnungen müssen Sie dann dazu einsetzen, ihre Seelen zu kaufen, damit sie ganz automatisch in Ihrem Sinne handeln.

All dies wird Ihnen unter Ihren Kollegen nicht gerade Freunde schaffen. Aber wahre Freunde hätten Sie unter ihnen sowieso nie gefunden. Im Prinzip können Sie Ihre Kollegen in zwei Gruppen einteilen:

Auf der einen Seite gibt es eine kleine Gruppe von Rivalen. Sie sind Ihre direkten Mitbewerber im Kampf um die Macht in der Organisation. Wenn einer von ihnen siegt – und die Wahrscheinlichkeit ist hoch –, ist Ihr Untergang besiegelt. Die Mehrzahl der Kollegen wird jedoch zu den Verlierern gehören. Angesichts der bereits erwähnten Neigung des Menschen, sich jeglichem Gruppenzwang zu unterwerfen, werden diese Kollegen – bewußt oder unbewußt – versuchen, Ihnen ihre Verlierermentalität und -kultur aufzuzwingen. Ihre Rivalen müssen Sie immer im Auge behalten. Für die Verlierer aber sollten Sie nur Verachtung übrig haben. Keiner von ihnen ist Ihre Freundschaft wert. Sie sind der künftige »Supermanager«, der einfach über den primitiven Einfluß der Gruppe und der Gruppennormen erhaben ist.

Wenn Sie so wollen, ist dieses Buch ein Appell an den Individualismus des einzelnen Managers.

Diejenigen unter Ihnen, die mit Einsicht gesegnet sind, werden hinter diese Fokussierung auf die Bedürfnisse des einzelnen schauen und die Vorteile erkennen, die den Organisationen daraus erwachsen können. Es stimmt, daß ich Sie – den einzelnen Manager – anspreche. Es stimmt, daß ich Sie auffordere, Ihre Managementwelt auf sich zu zentrieren und nicht auf die Organisation. Das Paradox jedoch liegt in folgendem begründet: Je mehr Sie an das in diesem Buch gepriesene Idealbild des »Supermanagers« herankommen, der sich von den Fesseln der Organisation und ihrem sozialen System befreit hat, desto größer wird auch der Nutzen für die Organisation sein.

Sie als siegreicher Manager mögen egoistisch und ichzentriert sein – aber Sie brauchen auch die Organisation, in der Sie Manager sind. Sie mögen Ihre Ziele in Ihren eigenen Dimensionen festgelegt haben. Solange Sie aber die Notwendigkeit, Ziele der Organisation zu erreichen, nicht berücksichtigen, werden Sie versagen. Ihre Ichbezogenheit wird jedoch sicherstellen, daß Sie Ihre manipulativen Fähigkeiten dazu nutzen werden, nicht zu versagen.

Genau hier treffen dann die beiden scheinbar entgegengesetzten Bedürfnisse zusammen – die der Organisation und die des einzelnen. Indem Sie sich selbst von den Beschränkungen befreien, die Organisationen ihren Mitgliedern auferlegen, werden Sie für Ihre Organisation ein besserer Manager. Befreit von den Loyalitäten und sinnleeren Vorschriften, die andere einschränken, können Sie Ihren eigenen, bewußt gewählten Weg gehen – und siegen.

Sieger im Organisationsspiel werden schließlich zwei – Sie und die Organisation. Viel Spaß!

Personen- und Sachregister